항공사 직원의 Personal Image Strategy
퍼스널 이미지 전략

Prologue

　이미지메이킹은 사회구성원으로서 현대를 살아가는 모두에게 필요하다. 특히, 많은 고객을 응대하는 항공사 직원은 항공사가 지향하는 이미지를 조직원으로서 갖춰나가야 한다.

　각자의 개성이 존중되고, 특이하고 차별화된 것을 추구하는 요즘 시대이지만 항공사 직원이 되기를 희망한다면 항공사가 추구하는 이미지, 항공사 관련 직종이 갖는 이미지를 정확히 알아야 한다. 그리고 그것이 자신과 부합하다면 더욱 키워나가고 부족하다면 조금씩 개선시켜나가는 것이 필요하다. 이러한 과정에서 이미지메이킹을 단순히 겉으로 보이는 것만 바꾸어가고 만들어나가는 것으로 여긴다면 자칫 위선과 가식이 될 수 있다. 중요한 것은 이미지를 만들어나가는 내적인 부분, 즉 성격, 마음의 변화가 있어야 진정한 '이미지메이킹'이라 할 수 있다.

　본서는 실제 항공사에 재직하면서 다년간 국내외 직원들의 이미지메이킹 교육 경험을 바탕으로 항공사 입사를 희망하는 이들에게 이미지메이킹의 바른 방법을 제시하고자 하였다.

　본서의 특징은 '이미지메이킹'을 이론적·실무적으로 접근하였다는 것이다.

1. 각 챕터별로 이론과 실습이 병행되도록 구성을 하였으며,

2. 일반적인 이미지메이킹이 아닌 항공사 직원의 '이미지메이킹'을 익힐 수 있도록 항공사 직무별(객실, 예약, 발권, 운송 등) 응용할 수 있는 별도의 내용을 제시하였다.

3. 이미지메이킹 관련 항공사 '고객불만'의 내용을 알아보고 교육생들로 하여금 실제 발생할 수 있는 사례를 통해 이미지메이킹의 중요성을 제시하였다.

4. 외적 이미지 변화를 위한 내적인 부분의 중요성도 강조하여 이를 위한 다양한 진단방법을 제시하였다.

이러한 특징을 바탕으로 구성된 내용은 다음과 같다.

크게 두 파트로 나누어 1부는 이미지메이킹 기본, 2부는 사례제시를 통한 이미지 메이킹 실전으로 구분하여 내용을 구성하였다.

1장에서는 이미지(Image)와 이미지메이킹(Image making)의 기본 개념에 대해 살펴보았다.

2장은 이미지메이킹을 위해 객관적인 자신의 모습을 아는 것이 중요하므로 자신의 이미지를 체크하도록 구성되었다. 나의 외적 이미지뿐만 아니라 내적 이미지(성격)를 분석하고 자신에 대해 정확히 알도록 한다.

3장에서는 나의 퍼스널컬러(Personal color)가 무엇인지 알아본다. 이것은 메이크업과 유니폼, 복장 선택의 기본이 된다.

4장, 5장, 6장에서는 항공사별 메이크업과 헤어에 대한 규정을 살펴보고 항공사별 유니폼과 어울리는 메이크업 방법과 헤어 연출 방법을 제시한다.

7장부터는 행동적인 부분에 초점을 맞추어 7장 밝은 표정 연출, 8장 호감을 주는 인사, 9장 건강하고 바른 자세에 대해 이론적인 부분과 실습이 병행되도록 하였다.

항공사 서비스에 있어서 중요한 10장 커뮤니케이션 스킬(Communication skill)에서는 듣기와 말하기의 기본을 살펴보고 항공사 직원으로서 적절한 언어표현과 방법에 대해 알아보았다.

11장은 앞선 내용들을 총망라하는 항공사 고객불만 사례를 통해 이미지 부분 관련 불만의 목소리를 직접 살펴보고 이에 대한 원인분석과 응대방법을 알아보고자 하였다.

마지막으로 12장에서는 항공사 입사를 꿈꾸는 많은 교육생들에게 필요한 면접 시 이미지메이킹에 대한 방법을 제시하였다.

본서는 자칫 중요하지만 가볍게 다뤄질 수 있는 '이미지메이킹'을 좀 더 이론적이고 실무적으로 접근하였다는 데 의의가 있다. 본서의 내용이 항공 관련 전공생과 항공사 입사를 희망하는 모든 취업준비생에게 도움이 되었으면 한다.

아울러 본서가 나오기까지 도움을 주신 한올출판사 관계자분들께 감사의 인사를 전한다.

2023년 1월
이 경 미

항공사 직원의
퍼스널 이미지 전략

Contents

Part 01
이미지메이킹
기본

Part 02
이미지메이킹
실전

Part **01**

이미지메이킹
기본

Chapter 01

이미지 & 이미지메이킹

학습목표

이미지의 기본개념을 알고 항공사 직원으로서

이미지메이킹의 중요성을 알 수 있다.

바로카스와 카롤리(Barocas & Karoly, 1972)는 매력적인 사람이 덜 매력적인 사람보다 더 많은 사회적 지원을 받는다고 했다. 현대사회에서 매력적인 이미지는 자아존 중감과 자신감을 향상시키며 이는 긍정적이고 적극적인 대인관계를 형성하여 타인에게 능력을 인정받는 결과를 갖게 한다. 이러한 인정은 사회생활을 더욱 즐겁고 활기차게 하는 원동력이 되며 원활한 조직생활을 이끌고, 나아가 그 조직에서 긍정적인 결과를 갖게하여 결국 삶을 행복하게 만든다.

매력적인 사람이란 내적인 건강한 마음과 외적인 아름다움을 지닌 사람이다. 자신의 내적·외적 장점을 알고 그것을 표현하는 것이 필요하다. 이러한 이미지는 특히 많은 사람들을 만나고 응대하는 서비스업 종사자에게 중요하다. 직업별로 고객들이 기대하는 이미지가 있으며 사회조직에서 어느 특정 직업군 하면 떠오르는 이미지는 직업이 갖는 특성과도 관계된다. 그렇다면 항공사는 어떠한가? 항공사 직원에게 많은 고객들은 어떤 이미지를 기대할까? 그것을 본서를 통해서 배워보자. 우선 이미지란 무엇인지 그 개념부터 살펴보자.

1. 이미지란?

1 이미지란?

이미지(Image)는 라틴어 Image(야마고: Imitari 흉내내다 + ago =흉내낸 것)의 어원으로 사전적인 의미는 '감각에 의하여 획득한 현상이 마음속에서 재생된 것, 어떤 사람이나 사물로부터 받는 느낌'을 의미하며 이미지는 상(象), 형상(形象), 심상(心象) 등의 다양한 의미를 가진다. 특히, 사람의 경우 어느 대상의 일련의 신념, 태도, 인상으로 정의된다.

이에 대한 학자들의 정의를 살펴보면, 리프만(Lippmann, 1922)은 이미지란 우리 인간이 어떠한 대상에 대하여 머릿속에 가지고 있는 영상으로 정의하였고 코틀러(Kotler, 1994)는 사람들이 특정한 대상에 대해 가지고 있는 신념, 생각 및 인상들의 총체적인 집합체라고 하였다.

2. 이미지메이킹이란?

이미지메이킹이란 이미지 만들기, 이미지 향상시키기(Improve the Image), 이미지 바꾸기 (Change one's Image) 등의 사전적인 의미를 가지며 사람이나 사물의 이미지를 만들고 향상·개선시켜 긍정적인 이미지로 바꾸는 행위로 볼 수 있다. 즉, 다른 사람이 어떤 대상을  보거나 생각할 때 갖게 되는 인상을 의도적으로 만들어내는 일로 정의할 수 있다.

1 이미지의 요소

이미지의 요소에 대해서는 음성, 외적, 행위, 정서, 정신, 시각, 행동, 사회적 요소 등 다양하게 구분할 수 있다. 크게 구분하면 개인의 내면에 형성되어 있는 본질적인 의식, 정서의 내적인 요소와 내면의 의식이 겉으로 표현되는 외적인 요소로 구분할 수 있다.

구 분			내 용
이미지	내적 이미지	정서적 요소	자아존중감, 감정, 의지, 자신감, 성격 등
	외적 이미지	신체적 요소	얼굴형, 키, 체형, 피부톤, 헤어톤 등
		표현적 요소	헤어 연출 및 메이크업, 복장 등
		행동적 요소	표정, 인사, 자세, 제스처 등
		청각적 요소	목소리 상태, 말의 속도, 억양, 발음 등

본서에서는 내적 이미지인 정서적 요소를 기본으로 이것이 겉으로 표현되는 외적인 이미지를 개선시키는 행동표현을 목표로 한다.

3. 이미지메이킹의 중요성

미국 UCLA의 교수인 알버트 메라비안(Albert Mehrabian)은 언어·비언어적 변수들이 의미전달에 미치는 영향에 대한 연구에서 시각적 요소가 55% 청각적 요소 38%, 기타 7%로 비언어적요소가 의미전달에 큰 영향을 미침을 밝혔다.

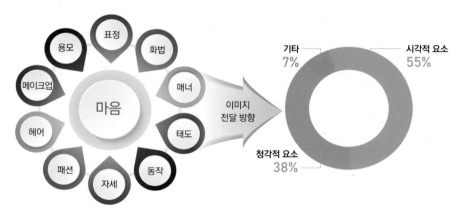

출처 : 알버트 메라비안(美, 심리학자)의 법칙

눈에 보이는 시각적인 요소가 상대방에게 더 많은 의미전달을 한다는 것이다. 청각적인 요소가 없더라도 보이는 것으로 상대방을 파악하고 상황을 파악하는 경우가 있다. 물론 그것이 정확한 의미전달이 되지 않을 수도 있지만 시각적인 요소는 분명 의미전달의 많은 부분을 차지한다. 이러한 시각적인 요소에 의해 판단되는 것은 짧은 시간에 많은 고객을 응대하는 서비스 접점에서 더 많이 발생할 수 있다.

서비스업에서 고객에게 긍정적 이미지를 전달해야 하는 순간, 이를 '결정적 순간'이라고 한다. 결정적 순간은 '중요한 사태에 직면해 모든 것이 시험에 놓이게 된 결정적 순간'을 뜻한다. 이는 스페인의 투우 경기에서 나온 말로 투우사(Matador)가 투우와 한동안 밀고 당기는 싸움을 하다가 칼을 뽑아 소의 급소를 찌르는 순간을 가리켜 'el momento de la verdad(the moment of truth)'라고 한다. 위험한 상황에서 소가 죽지 않으면 사람이 죽게 되는 그 중요한 진실이 가려지는 순간이라는 뜻이다. 1932년 어니스트 헤밍웨이가 『오후의 죽음(Death in the Afternoon)』에서 최초로 사용하였다.

결정적순간(MOT; Moment of Truth)은 경영학에서는 소비자에게 기업이나 제품의 첫 인상을 심어주는 순간을 말하는 마케팅 용어로도 쓴다. 1986년 스칸디나비아 항공(SAS)의 전 사장인 얀 칼슨(Jan Carlzon)이 항공사 직원들이 고객을 응대하는 시간을 평균적으로 분석한 결과 15초임을 알아내고 적어도 고객을 응대하는 15초 동안에 고객에게 좋은 이미지를 주어 평생고객으로 만들어야 한다는 새로운 경영기법으로 사용되었다. 이로써 800만 달러의 적자기업을 7,100만 달러의 흑자기업으로 만들었다. 이는 리처드 노먼(Richard Norman)이라는 스웨덴 경제학자에 의해서도 사용되었으며 고객의 상품이나 서비스에 대한 이미지가 15초 내외의 짧은 순간에 결정된다고 하였다.

이렇듯 결정적 순간은 제품이나 브랜드뿐만 아니라 사람과의 첫 만남과 같은 대인관계에서 더욱 중요한 의미를 갖게 되고 특히 서비스업에서는 고객과의 첫 응대에 결코 길지 않은 시간에 용모, 표정, 인사, 자세 등이 그 직원과 회사의 이미지를 판단하는 요소가 된다는 것이다. 이때 중요한 것은 이러한 접점에서의 이미지 전달과 서비스는 덧셈이 아닌 '곱셈의 법칙'이라는 것이다. 즉, 이미지를 이루는 각 요소들, 그리고 고객이 항공사 직원을 만나는 순간순간의 접점 중 한 가지, 한 순간이라도 0이 된다면 전체 항공사의 이미지는 모두 0이 되는 것이다.

첫 이미지에 대한 중요성은 다음 실험에서도 알 수 있다.

미국의 심리학자 솔로몬 애쉬(Solomon Asch)는 실험참가자들을 A, B 두 집단으로 분류하고 특정 인물을 소개하면서, A집단에는 '질투심이 많은, 고집이 센, 비판적인, 충동적인, 근면한, 똑똑한'의 순서로 단어를 제시하고 B집단에는 동일한

단어를 '똑똑한, 근면한, 충동적인, 비판적인, 고집이 센, 질투심이 많은'의 순서로 제시하였다. 이후 참가자들에게 해당 인물에 대해서 평가해보라고 요청했을 때, 긍정적 단어를 먼저 제시한 B집단에서 훨씬 더 특정 인물을 좋게 평가하는 것이 관찰되었다. 이것을 '초두효과'라 한다.

초두효과는 심리학 용어로 여러 개의 단어나 정보가 주어졌을 때 처음 제시된 단어나 정보를 중간에 위치한 것들보다 잘 기억하는 현상으로, 서열 위치 효과(Serial Position Effect)의 맥락에서 설명된다.

초두효과 역시 첫 이미지, 첫 대면의 중요성에 대해 강조한다. 따라서 서비스업 직원들은 고객을 직간접적으로 다수 응대하는 업무의 특성상 이미지를 긍정적으로 전달할 수 있도록 해야 한다. 이것이 이미지메이킹을 해야 하는 이유이다.

❀ **A집단에게 다음과 같이 '질투심이 강하다'라고 먼저 소개할 경우**

❀ B집단에게 다음과 같이 '똑똑하다'라고 먼저 소개할 경우

❓ 어느 집단이 인물에 대해 더 긍정적으로 평가하였을까? 이유는 무엇이라고 생각하는가?

항공사 직원의
퍼스널 이미지 전략

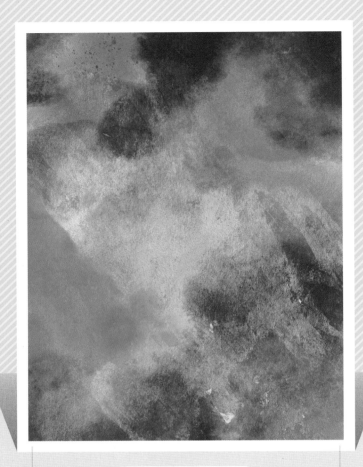

Chapter 02

나의 이미지 진단

학습목표

개인별 이미지를 분석하고 객관적인 나의

외적 이미지 및 내적 이미지를 알 수 있다.

긍정적 이미지 연출을 위해 무엇보다 중요한 것은 '나'에 대해 아는 것이다. 나의 이미지에 대해 객관적으로 알아보자.

1. 나의 롤 모델

내가 추구하고자 하는 이미지의 롤 모델(Role Model) 있다면 적어보고 없다면 자신이 알고 있는 사람들 중 한 사람을 떠올려보고 선택해보자.

나의 롤 모델은 _____ 이다.

❶ 선정 이유는?

❷ 롤 모델의 이미지

내적 이미지 | 외적 이미지

2. 내가 생각하는 나의 이미지

1 내적 이미지

내가 생각하는 나의 내적 이미지는 무엇인가? 우선 나의 성격은 어떤지 분석을 해보자.

다음 4개 Type의 문항을 읽고 자신에게 해당될 경우 'Yes'에, 해당이 되지 않을 경우 'No'에 체크하고 합계를 적어보자.

D Type(Dominance)

	Yes	No
★ 어떤 문제가 생겼을 때 적극적으로 해결한다.		
★ 빠르게 결과를 얻는 편이다.		
★ 어려운 문제를 잘 처리하는 편이다.		
★ 리더 역할을 하는 것이 좋다.		
★ 기존의 상황에 문제를 제기한다.		
★ 의사결정을 빠르게 내린다.		
★ 도전을 받아들이고 이를 즐긴다.		
★ 타인을 설득하여 행동을 변화시킨다.		
합계		

I Type(Influence)

	Yes	No
★ 타인과 접촉하는 것을 좋아한다.		
★ 말솜씨가 있다는 소리를 듣는다.		
★ 타인의 동기를 유발한 다.		
★ 열정적인편이다.		
★ 타인에게 호의적인 인상을 준다.		
★ 타인을 즐겁게 한다.		
★ 사람과 상황에 대해 낙관적으로 생각한다.		
★ 혼자 일하기보다 다수의 그룹 활동을 선호한다.		
합계		

S Type(Steadiness)

	Yes	No
★ 참을성이 있다.		
★ 타인을 돕고 지원하는 것이 즐겁다.		
★ 의리가 있고 충성심이 있다.		
★ 일관성 있게 일 또는 학업을 수행한다.		
★ 무언가를 새롭게 만드는 것이 흥미롭다.		
★ 타인의 이야기를 잘 경청한다.		
★ 흥분을 잘하지 않는 편이다.		
★ 타인과 안정되고 원만하게 지낸다.		

합계

C Type(Conscientiousness)

	Yes	No
★ 타인에게 세심한 편이다.		
★ 물건구입 시 분석적으로 사고한다.		
★ 예의 바르고 격식을 차린다.		
★ 갈등이 생겼을 경우 우회적으로 해결하려 한다.		
★ 일을 정확하게 마무리한다.		
★ 학업이나 업무수행 시 '왜'를 생각한다.		
★ 상황에 대해 체계적으로 접근한다.		
★ 중요한 지시 또는 기준에 관심을 두고 이를 기억한다.		

합계

'그렇다'의 문항 개수를 세어서 합계란에 적어보자. 가장 많이 나온 Type은 무엇인가?

나는 4 Type 중 ＿＿＿＿＿＿＿＿＿＿＿＿＿＿＿＿＿＿＿＿ 이다.

✿ D Type

리더형으로 결과를 성취하기 위해 장해를 극복하며 스스로 환경을 만들어나가는 성격이다.

· 강한 자의식을 갖고 있고 조직을 이끄는 리더십과 통솔력이 있다.
· 의사결정이 빠르고 결과도 빠르게 얻는다.
· 다른 사람의 행동을 유발한다.
· 어려운 문제를 처리하고 도전을 받아들인다.
· 기존의 상태에 문제를 제기한다.
· 통제력 상실에 대한 두려움이 있다.
· 말을 잘하고, 설득적이며 경쟁적이다.
· 야심적이며, 외향적이고 낙관적이고 열성적이다.

✿ I Type

· 분위기메이커 역할을 하며 사람과 상황에 대해 낙천적이다.
· 사람들과 접촉하기를 좋아하며 호의적인 인상을 준다.
· 말솜씨가 있고 열정적이다.
· 사람들을 즐겁게 하고 그룹 활동을 좋아한다.
· 상상력, 감정이 풍부하고 감수성이 강하며 자유분방하고 개성이 강하다.
· 사람들로부터 거부당하는 것에 대한 두려움이 크다.
· 압력하에서 비체계적이다.

✿ S Type

· 남의 말을 귀담아 잘 듣고 참을성이 있다.
· 예측가능하고 일관성 있게 일을 수행한다.
· 전문적인 기술을 개발한다.
· 다른 사람을 돕고 지원한다. 충성심을 보인다.
· 팀 지향적이다.
· 변화를 두려워하고 현상유지를 원한다.
· 압력하에서 지나치게 양보한다.

✿ C Type

- 일을 정확하고 완벽하게 처리한다.
- 세심하고 꼼꼼하며 주변정리를 잘한다.
- 예의 바르고 격식을 차린다.
- 분석적으로 사고하고 찬반, 장단점 등을 고려한다.
- 갈등에 대해 간접적 혹은 우회적으로 접근한다.
- 업무수행에 대해 비평적으로 분석한다.
- 상황이나 활동에 대해 체계적으로 접근한다.
- 본인이 한 일에 대해 비판받는 것을 두려워한다.
- 압력하에서 지나치게 비판적이다.

② 외적 이미지

외적 이미지는 겉으로 드러나는 이미지로 다음과 같이 4가지로 구분할 수 있다.
나의 외적 이미지를 생각하고 오른쪽 칸에 25점 만점에 몇 점을 줄 수 있는지 적고
합계를 적어보자.

구 분	항 목	점 수
신체적 요소 (25점)	· 나의 키와 몸무게는 적절하다. · 나의 피부톤은 혈색이 좋으며 건강하다. · 나의 헤어컬러는 피부색과 잘 어울린다. · 나의 헤어상태는 얼굴형에 어울린다.	/25점
표현적 요소 (25점)	· 항상 웃는 표정이다. · 웃을 때 양 입꼬리가 올라가는 인상이다. · 웃을 때 치아가 적절히 보인다. · 머리가 단정하다. · 적절한 화장을 한다.(남성들의 스킨케어 포함) · 복장은 깨끗하며 단정하다. · T.P.O(Time. Place. Occasion)에 맞는 용모복장이다.	/25점
행동적 요소 (25점)	인사 · 인사 시 머리, 등, 허리가 일직선이 된 바른 자세이다. · 인사의 깊이는 적당하다.(약 30도) · 인사 시 두 손을 모은다.(공수) · 인사 시 목소리톤이 밝다.(여성은 솔 음, 남성은 미 음 정도) 선 자세 · 머리는 중앙에 두고 양어깨가 수평이 된다. · 무릎과 발은 가지런히 모은다. · 한쪽으로 치우친 짝다리를 하지 않는다. 앉은 자세 · 머리, 등, 허리를 바르게 펴고 앉는다. · 다리는 모은다. 발을 습관적으로 흔들지 않는다. 걷는 자세 · 어깨를 바르게 펴고 걷는다. · 발 모양은 '11자'의 형태로 걷는다.('八자'나 안짱걸음이 아니다) · 걸을 때 무릎이 살짝 스치는 느낌을 받는다. 제스처 · 대화내용에 맞는 적절한 제스처를 사용한다. · 제스처는 가슴과 허리선 사이에서 사용한다.	/25점
청각적 요소 (25점)	· 말의 속도는 적당하다. · 발음은 정확하다. · 요조체의 반경어체와 경어체를 8:2 정도의 비율로 적절히 사용한다. · 목소리톤은 강약과 밝음이 있다. · '음', '저'와 같은 불필요한 말을 하지 않는다. · 이야기에 기, 승, 전, 결이 있다. · 말의 어미가 뚜렷하게 전달된다.	/25점
합계(100점)		

3. 타인 시점 나의 이미지

다른 사람이 바라보는 나의 이미지는 어떠한지 알아보자.

1 진단 방법

준비물: 녹화를 할 수 있는 장비(캠코더, 스마트폰 등), 코멘트 종이

❶ 교육생에게 1분씩 발표할 수 있는 주제를 주고 이를 녹화한다.
  이때 어렵지 않은 주제를 선택한다.
❷ 발표 시 다음과 같은 내용으로 한다.
  - 첫인사
  - 소속과 이름
  - 주제 발표
  - 마무리 인사
❸ 전체 발표 후 각 교육생의 객관적 평가를 할 수 있는 코멘트 종이를 개인별 인원수에 맞게 나누어준다.
❹ 촬영한 것을 보면서 타 교육생들의 장점과 개선점을 파악하고 코멘트 종이에 적는다.
❺ 화면을 통해 교육생에게 이미지 진단 결과를 설명한다.
❻ 다른 교육생들이 진단한 코멘트 종이를 본인에게 돌려준다.
❼ 정리하여 내가 생각한 나의 이미지와 타인이 평가해준 나의 이미지를 비교한다.

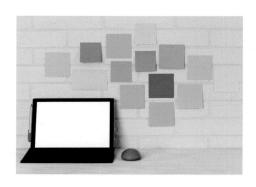

❀ Comment Sheet

구 분	항 목	코멘트
신체적 요소	· 키와 몸무게는 적절하다. · 피부톤은 혈색이 좋으며 건강하다. · 헤어컬러는 피부색과 잘 어울린다. · 헤어상태는 얼굴형에 어울린다.	
표현적 요소	· 항상 웃는 표정이다. · 웃을 때 양 입꼬리가 올라가는 인상이다. · 웃을 때 치아가 적절히 보인다. · 머리가 단정하다. · 적절한 화장을 한다.(남성들의 스킨케어 포함) · 복장은 깨끗하며 단정하다. · T.P.O(Time. Place. Occasion)에 맞는 용모복장이다.	
행동적 요소	인사 · 인사 시 머리, 등, 허리가 일직선이 된 바른 자세이다. · 인사의 깊이는 적당하다.(약 30도) · 인사 시 두 손을 모은다.(공수) · 인사 시 목소리톤이 밝다. 　(여성은 '솔' 음, 남성은 '미' 음정도) 선 자세 · 머리는 중앙에 두고 양어깨가 수평이 된다. · 무릎과 발은 가지런히 모은다. · 한쪽으로 치우친 짝다리를 하지 않는다. 앉은 자세 · 머리, 등, 허리를 바르게 펴고 앉는다. · 다리는 모은다. 발을 습관적으로 흔들지 않는다. 걷는 자세 · 어깨를 바르게 펴고 걷는다. · 발 모양은 '11자'의 형태로 걷는다.('八자' 나 안짱걸음이 아니다.) · 걸을 때 무릎이 살짝 스치는 느낌을 받는다. 제스처 · 대화내용에 맞는 적절한 제스처를 사용한다. · 제스처는 가슴과 허리선 사이에서 사용한다.	

구 분	항 목	코멘트
청각적 요소	· 말의 속도는 적당하다. · 발음은 정확하다. · 요조체의 반경어체와 경어체를 8:2 정도의 비율로 적절히 사용한다. · 목소리톤은 강약과 밝음이 있다. · '음', '저'와 같은 불필요한 말을 하지 않는다. · 이야기에 기, 승, 전, 결이 있다. · 말의 어미가 뚜렷하게 전달된다.	
종합의견		

4. 나의 이미지 최종 분석

내가 생각하는 나의 이미지와 타인 시점 나의 이미지를 바탕으로 나의 이미지의 장점과 단점을 적고 이를 개선하기 위해 어떤 노력을 해야 하는지 적어보자.

구 분	장 점	개선점
신체적 요소		
표현적 요소		
행동적 요소		
청각적 요소		

🌸 이미지 개선을 위한 나의 노력

※ 자신의 장점과 단점을 파악한 후 장점은 더욱 큰 장점이 되도록 하고 단점은 수정 보완토록 하자. 특히 앞으로 이어질 내용에서 개선해야 될 항목을 집중적으로 잘 살펴보자.

율곡 이이 선생의 『격몽요결(擊蒙要訣)』

예부터 사람의 바른 몸가짐에 대해 기록한 책이 있다.

『격몽요결(擊蒙要訣)』은 율곡 이이가 1577년 42세에 쓴 책으로, 격몽(擊蒙)은 몽매함을 깨우친다는 의미이고, 요결(要訣)은 그 일의 중요한 비결이란 뜻이다. 이 책은 학문을 시작하는 사람들에게 뜻을 세우고, 몸을 삼가며, 부모를 모시고, 남을 대하는 방법을 가르쳐서 초학자에게 학문의 방향을 인도하고 올바른 마음을 닦고 도를 향하는 기초를 세우도록 하였다.

구용(九容) : 사람이 지켜야 할 9가지 행동

첫째, 족용중(足容重)

발은 무겁게 놀려야 한다. 이는 두 다리에 무게 중심을 두고 경솔하게 움직이지 말라는 것이다.

둘째, 수용공(手容恭)

손은 공손히 놀려야 한다. 불필요한 손의 움직임이 없게 하라는 것으로 만일 아무 할 일이 없을 때는 두 손을 모으고 있을 것이며 쓸데없이 움직이지 말아야 한다.

셋째, 목용단(目容端)

눈은 단정하게 떠야 한다. 누군가를 응시하거나 무엇을 쳐다볼 때에는 눈동자를 바르게 뜨고 옆으로 흘겨보거나 곁눈질하지 말아야 한다.

넷째, 성용정(聲容靜)

입은 다물고 있어야 한다. 말을 할 때나 음식을 먹을 때 이외에는 항상 단정히 다물고 있어야 한다.

다섯째, 두용직(頭容直)

목소리는 조용하게 내야 한다. 언제나 목소리를 가다듬어 말하고 기침이나 하품 같은 잡된 소리는 내지 말라는 말이다.

여섯째, 기용숙(氣容肅)

머리는 곧게 가져야 한다. 머리를 바르게 갖고 몸은 꼿꼿하게 가져서, 한쪽으로 기울어지거나 돌리고 있지 말아야 한다.

일곱째, 입용덕(立容德)

기운은 엄숙하게 가져야 한다. 숨 쉬는 것을 부드럽게 하고 호흡하는 소리를 너무 크게 내서는 안 된다.

여덟째, 색용장(色容壯)

서 있는 것은 덕(德)이 있어 보이도록 반듯하게 해야 한다. 가운데 서 있고 어디에 의지하지 않아 엄연히 덕이 있는 기상을 나타내라는 말이다.

아홉째, 구용지(口容止)

얼굴빛은 씩씩하게 가져야 한다. 얼굴빛을 항상 정제하고 게으르거나 거만한 기색을 나타내지 말라는 말이다.

구사(九思) : 학문과 지혜를 더하기 위한 지표로서 사람이 늘 생각해야 할 9가지 일

첫째, 시사명(視思明)

밝게 보아야 한다는 것으로 어떤 일을 보는 데 공정하게 욕심 없이 보아야 모든 일이 밝게 보임을 말한다.

둘째, 청사총(聽思聰)

남의 말을 듣는 데 총명하여야 한다. 이 말은 듣는 데 성실하고 가림이 없으면 저절로 밝아짐을 뜻한다.

셋째, 색사온(色思溫)

안색은 온화하게 해야 한다. 이것은 얼굴에 노여움이나 서러움을 내비치지 않고 온화하게 가져야 함을 말한다.

넷째, 모사공(貌思恭)

모습을 공손히 해야 한다. 이것은 몸을 단정히 가지고 남에게 뻣뻣하게 보이지 않아야 함을 말한다.

다섯째, 언사충(言思忠)

말할 때는 언제나 충성을 생각해야 한다. 이것은 한 마디 말을 하더라도 충성과 신의에 어긋나는 말은 하지 말아야 함을 뜻한다.

여섯째, 사사경(事思敬)

일하는 데는 경건을 생각해야 한다. 어떤 일을 하더라도 공경하는 마음으로 조심스럽게 해야 하고 함부로 해서는 안 됨을 뜻한다.

일곱째, 의사문(疑思問)

의문이 있을 때는 물어야 한다. 의심나는 일이 있을 때는 잘 아는 사람에게 물어서 반드시 그 까닭을 알도록 해야 한다.

여덟째, 염사란(念思亂)

화가 나는 일이 있어도 참아야 한다. 아무에게나 마구 화를 내는 것은 무식하고 어리석은 사람의 행동이다. 이성으로 억제하는 힘이 있어야 큰 인물이 될 수 있다.

아홉째, 견득사의(見得思義)

옳지 못한 것은 가질 생각을 하지 말아야 한다. 돈이나 값나가는 물건을 얻게 되었을 때는 그것을 가져도 잘못된 것인지 아닌지를 생각해 보고 가져야 함을 말한다.

 성공한 사람들의 이미지메이킹

1. 열린 마음을 가져라 – 닫힌 창고보다는 열린 뒤주가 낫다.
2. 첫인상에 승부를 걸어라 – 한 번 실수는 평생 고생이 되기 때문이다.
3. 외모보다는 표정에 투자하라 – 표정이 안 좋다면 다른 것에 투자한 만큼 낭비이다.
4. 자신감을 소유하라 – 당당하고 야무진 모습은 무언의 설득력이다.
5. 열등감에서 탈출하라 – 상황을 바꿀 수 없다면 생각을 바꿔라.
6. 객관적인 자신을 찾아라 – 진정한 자기발견은 달러($)보다 값지다.
7. 자신을 목숨 걸고 사랑하라 – 자신을 아낄 줄 모르는 사람은 남도 아낄 줄 모른다.
8. 자신의 일에 즐겁게 미쳐라 – 즐겁지 못한 일은 모두가 고역이기 때문이다.
9. 신용을 저축하라 – 쌓여가는 신용은 성공의 저금통장이다.
10. 남을 귀하게 여겨라 – 아무리 못났어도 나보다 나은 점이 있기 때문이다.

항공사 직원의
퍼스널 이미지 전략

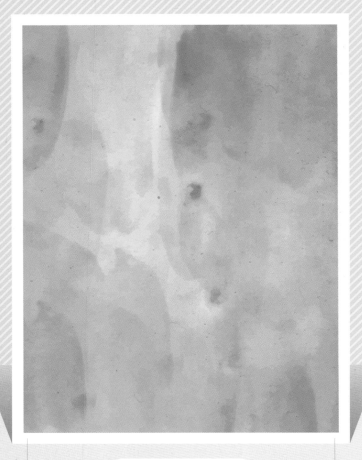

Chapter 03

퍼스널컬러

학 습 목 표

자신에게 어울리는 퍼스널컬러를 찾고
이를 응용할 수 있다.

퍼스널컬러(Personal color)란 말 그대로 개인의 고유 컬러를 뜻한다. 자신이 가지고 있는 신체색과 조화를 이루어 개인의 이미지 향상을 위해 신체색의 단점을 보완하고 장점을 살려 긍정적 이미지를 연출할 수 있는 컬러를 말한다.

어울리는 컬러를 활용함으로써 더욱 인상이 좋아 보이거나 화사해 보일 수 있는 반면 어울리지 않는 컬러를 사용함으로써 피부의 단점이 드러나 전반적인 이미지를 부정적으로 연출하게 될 수도 있다.

◎ 개념의 출현과 역사

20세기 초 스위스 화가이자 독일 바우하우스의 교수였던 요하네스 이텐은 특정 피부·머리카락 색과 결합하여 특정 색들을 사용했을 때 초상화가 훨씬 나아 보임을 발견하였다. 그 후 사계절에 기반한 4개의 컬러 팔레트를 만들었고, 이것을 이용하여 학생들이 보다 매력적인 초상화를 그릴 수 있도록 하였다.

이후 로버트 도어(Robert Dorr, 1905~79)는 배색원리를 연구하면서 '컬러 키 프로그램(Color Key Program)'을 통해 파란색 언더톤(Undertone)을 키 Ⅰ(Key Ⅰ)으로, 노란색 언더톤을 키 Ⅱ(Key Ⅱ)로 구분하였고, 각각에 어울리는 170개의 색으로 구성된 팔레트를 제안하였다.

심리학자 캐롤 잭슨(Carole Jackson, 1932~)은 《컬러 미 뷰티풀(Color Me Beautiful)》이라는 저서에서 인간의 이미지를 4가지로 분류, 색상 팔레트를 통해 패션·메이크업을 제안하여 1980년대에 큰 인기를 얻었다. 현대사회에서는 외모와 이미지, 개성이 더욱 중요해지면서 퍼스널컬러의 진단과 활용이 활발히 이루어지고 있다.

---

1. 컬러의 이해

우리가 색채를 보고 느끼는 요인에는 빛의 파장 자체를 나타내는 색상(Hue), 밝고 어두운 정도를 나타내는 명도(Value), 색 파장의 순수한 정도를 나타내는 채도(Chroma)가 있으며, 어떤 색채를 지각할 때 항상 이 3가지를 함께 느끼게 된다. 같은 빨강이지만 다양한 느낌을 주는 이유는 색상, 명도, 채도와 같은 색의 삼속성이 있기 때문이다.

1 색상이란?

스펙트럼이나 무지개에서 볼 수 있는 빨강, 주황, 노랑 등과 같은 색 기미를 말하는 것으로, 물체의 표면에서 선택적으로 반사되는 색 파장의 변화에 따라 무수히 많은 고리 형태의 색상환이 된다. 이와 같이 색상에 대한 감각의 변화는 둥글게 반복되는 순환성이 있다. 색상환에서 거리가 가까운 색은 색상차가 작아서 유사색, 거리가 비교적 먼 색은 색상차가 커서 대조색, 거리가 가장 먼 정반대쪽의 색은 보색이라 한다.

2 명도란?

색상과는 관계없이 색의 밝고 어두운 정도를 말하는 것으로, 빛이 반사되는 양에 따라 색의 밝고 어두운 정도를 느끼게 된다. 물체의 표면이 모든 빛을 반사하면 흰색으로 보이면서 밝다고 느끼게 되고, 모든 빛을 흡수하면 검은색으로 보이면서 어둡다고 느끼게 된다.

3 채도란?

색의 순수한 정도, 즉 색의 탁하고 선명한 정도를 나타내는 것으로 색상의 포함 정도를 말하는 것이다. 이것은 색 파장이 얼마나 강하고 약한가를 느끼는 것으로, 여러 가지 색 파장이 물체의 표면에서 흡수되거나 반사되는 양에 따라 다르게 느껴진다.

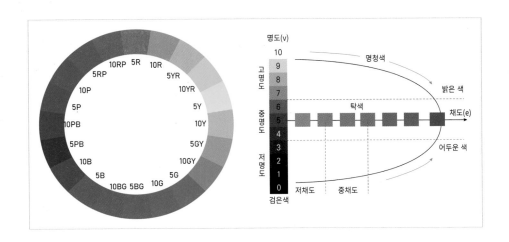

따라서 특정한 색 파장이 얼마나 순수하게 반사되는가의 정도에 따라 달라진다. 우리말에 진한 색과 연한 색, 흐린 색과 맑은 색 등은 모두 채도를 가리키는 말이다.

2. 퍼스널컬러의 분류

퍼스널컬러는 태어날 때부터 가지고 태어나는 고유의 신체 색상으로 보통 피부·머리카락·눈동자 색을 말한다. 피부색은 헤모글로빈의 붉은색, 멜라닌의 갈색, 케라틴의 황색이 합쳐져 결정되며, 머리카락 색은 흑갈색을 띠는 유멜라닌(Eumelanin), 황적색을 띠는 페오멜라닌(Pheomelanin)의 분포와 양에 따라 정해진다. 눈동자 색은 홍채에 있는 멜라닌 색소의 빛깔과 혈관 분포 정도에 따라 결정된다.

이에 따라 동양인이라고 해서 모두가 동일하게 노란 피부와 검은 머리만을 지니고 있는 것은 아니다. 피부의 경우 동양인들은 대부분 황색의 피부를 가지고 있지만

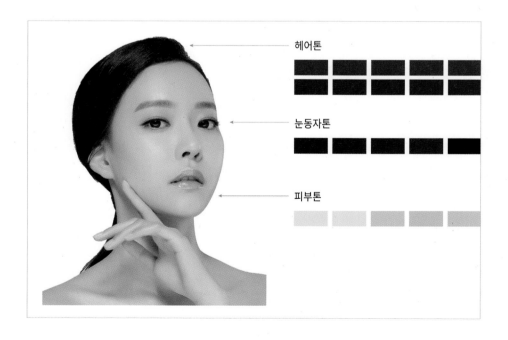

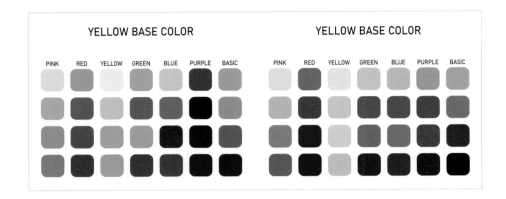

그 중에서도 노란 기운이 더 많은 피부와 붉은 기운이 더 많은 피부로 분류할 수 있으며, 피부의 색감뿐만 아니라 피부의 밝기, 피부의 질감의 차이도 다르다.

또한 동양인의 눈동자의 경우, 밝은 브라운부터 어두운 브라운의 컬러가 주를 이루고 있으며 간혹 그린이나 블랙을 띠는 눈동자도 볼 수 있다.

머리카락의 경우는 크게 브라운 계열과 블랙 계열로 나눠지며 기본적으로 눈동자 색과 헤어의 색이 비슷한 경우가 많다.

이렇듯 사람마다 가지고 있는 신체컬러가 다르며, 그에 따라 어울리는 컬러도 달라진다.

❶ 웜톤(Warm tone) VS 쿨톤(Cool tone)

기존에 알고 있던 한색(초록, 파랑), 난색(빨강, 주황, 노랑)과는 다르게 퍼스널컬러 시스템에서는 모든 컬러군에서 따뜻한 색과 차가운 색으로 분류한다.

기준색에서 웜톤(Warm tone)은 옐로 베이스(Yellow base)에 해당되며 따뜻한 느낌의 컬러를 말한다.

옐로 베이스(Yellow base) 컬러들은 새싹이 파릇파릇하게 피어오르는 화창한 봄의 날씨와 같은 생동감 있는 컬러와 가을에 많이 볼 수 있는 단풍, 은행잎과 같은 무르익은 컬러들로 구성되어 있다.

쿨톤(Cool tone)은 말 그대로 차가운 색을 말한다.

퍼스널컬러에서 쿨톤은 블루 베이스(Blue base)에 해당되며, 기준색의 컬러에서 블루 기가 많은 컬러이다.

블루 베이스 컬러들은 비가 많이 내리는 날의 여름 날씨 같은 그레이쉬한 느낌과 눈밭에 주얼리 같은 화려한 느낌의 컬러들로 구성되어 있다.

2 사계절과 톤

요하네스 이텐(Johannes Itten, 1888~1967)은 퍼스널컬러를 4가지의 계절로 구분하여 웜톤(Warm tone)은 다시 봄과 가을의 계절로, 쿨톤(Cool tone)은 여름과 겨울의 계절로 나눴다.

- Spring Warm tone : 선명하고 따뜻한 계열의 빨강, 주황, 노랑 등이 어울리고 생동감 있고 밝고 화사하고 경쾌한 이미지
- Autumn Warm tone : 짙은 노랑, 다갈색, 카키 등이 어울리고 클래식하고 선명한 이미지
- Summer Cool tone : 가벼운 파스텔톤의 라벤더, 민트 등이 어울리고 맑고 깨끗하고 고요하고 우아한 이미지
- Winter Cool tone : 선명한 와인, 청록색이 어울리고 시크하고 모던한 이미지

하지만 이 4가지 색상으로만 구분되지 않은 사람들이 있다. 이는 퍼스널컬러는 앞서 말했듯이 색상뿐만 아니라 명도와 채도에 의해서도 영향을 받기 때문이다. 우리가 톤(Tone)이라고 하는 것은 명도와 채도의 복합개념을 말한다.

따라서 같은 봄 웜톤이라 해도 톤에 따라 4가지로 세분화할 수 있다. 명도는 밝고 어두운 정도로 흰빛이 도는 라이트(Light) 타입과 검은빛이 도는 딥(Deep) 타입으로 구분하고 채도는 맑음 정도로 순색에 가까운 브라이트(Bright) 타입과 회색이 가미된 부드러운(Mute) 타입으로 구분된다.

- 가벼운 Light : 하얀색이 많이 섞인 파스텔의 컬러
- 어두운 Deep : 블랙이 섞여 진하고 어두운 컬러
- 밝은 Bright : 순색에 가까운 컬러
- 부드러운 Mute : 회색빛이 섞인 그레이쉬한 컬러

🌸 톤에 따른 컬러이미지

톤의 밝고 어두운 정도의 상태에 따라서 컬러이미지도 각각 다르게 느껴진다. 컬러이미지는 1964년 일본의 시게노부 고바야시에 의해 일본색채디자인연구소에서 개발한 감성분류방법이다. 이는 감성적인 부분을 객관적·심리적으로 분류하여 시각적으로 명확하게 전달하는 역할로 이미지 간의 관계 파악을 위한 지각지도의 작성에서 기준척도를 부드러움, 딱딱함, 따뜻함, 차가움의 4가지로 분류하였다. 따라서 자신에게 어울리는 톤을 찾고 그것을 연출하는 것은 타인에게 컬러 이상의 심리적인 의미를 전달한다.

톤에 따른 컬러이미지를 알아보면 다음과 같다.

색상/내용	톤의 차이	컬러이미지
빨강	밝음	화려한, 활동적인, 열정적인, 공격적, 분노감
	어두움	원숙한, 고전적인
주황	밝음	풍요한, 생동감
	어두움	안정된, 따뜻한
노랑	밝음	생동감, 쾌활한, 리듬감, 명랑한, 지혜로운, 희망적인
	어두움	행복, 풍요한, 편안한, 친근한
녹색	밝음	평온한, 조화로운, 생명력, 성장
	어두움	고요한, 침착한, 정숙한, 이성적
파랑	밝음	깨끗한, 시원한, 신선한
	어두움	차가운, 보수적인, 우울한
보라	밝음	상상력, 신비로운, 고귀한, 우아한
	어두움	불안한, 고독한
갈색	밝음	온화한, 편안한, 친근한, 풍요한
	어두움	품위 있는, 소박한, 침착한, 믿음직한, 따뜻한, 중후한
흰색	-	순수한, 진실한, 청결한
회색	-	도회적인, 모던한, 지적인, 위엄 있는, 무기력한
검정	-	어두운, 적막한, 절망감, 불안, 섹시한, 품위 있는

3. 나의 퍼스널컬러 찾기

이와 같은 색상과 톤에 따라 좀 더 세분화된 퍼스널컬러를 알고 자신의 컬러를 진단해보자.

1 방법

머리에는 흰색 두건, 상의에는 흰색 케이프를 두르고 오전 10시에서 15시 사이 자연광에서 측정한다. 일광욕을 삼가고, 진단 전 15일 동안은 피부 색소에 영향을 줄 수 있는 비타민A·케라틴이 함유된 식품 섭취에 주의해야 한다. 진단방법은 다음과 같다. 우선 아래 3가지 방법 중 하나로 피부톤을 결정한다.

① **파운데이션 테스트**(Foundation test): 양볼에 각각 핑크, 옐로 베이스의 크림 파운데이션을 얇게 펴 발라 피부색과 더 잘 섞이는 것을 고른다. 선택한 것이 핑크 베이스이면 쿨 톤(Cool tone), 옐로 베이스이면 웜톤(Warm tone)이다.

② **골드·실버 테스트**(Gold·Silver test): 금·은색의 천 또는 종이를 준비하여 한 손씩 동시에 대본다. 이때 햇빛에 노출이 적은 손목 안쪽이 더 적합하다. 피부색과 더 잘 섞이며 피부색이 고르게 보이도록 하는 것을 고른다. 선택한 색이 은색이면 쿨톤, 금색이면 웜톤이다.

③ **정맥 테스트**: 가장 간단한 방법으로 손목 안쪽에 보이는 혈관이 파란색과 녹색 중 어느 것에 더 가까운지 결정한다. 파란색이면 쿨톤, 녹색이면 웜톤이다.

다음으로 머리카락과 눈동자 등 신체 색을 관찰하여 '밝기'를 결정한다. 이 과정을 통해 4개의 퍼스널 시즌을 진단할 수 있는데, 웜-라이트는 봄, 웜-딥은 가을, 쿨-라이트는 여름, 쿨-딥은 겨울로 구분한다.

구분	피부색	머리색	눈동자	두피색
봄 Spring (Warm Light)	노란빛이 돌면서 밝고 화사하고 투명함	밝은 갈색톤으로 윤기가 있음, 머리카락이 얇음	노란빛의 흑갈색	황색
가을 Autumn (Warm Deep)	피부톤이 중간 또는 약간 어두운 황갈색의 피부로 혈색이 없고 윤기가 없는 편임	짙은 적갈색으로 윤기가 없음	짙은 갈색	황색
여름 Summer (Cool Light)	투명하고 핑크톤의 혈색	밝은 회갈색톤으로 윤기가 없음	흑갈색	흰색
겨울 Winter (Cool Deep)	희고 푸른빛이 돌며 차갑고 창백해 보임	흑갈색을 띔	검은색, 회갈색	약간 푸른색

마지막으로 계절별 컬러 팔레트에 기반하여 직접 진단 천을 대보며 잘 어울리는 색을 선별한다. 진단 천이 없을 경우 평소 가지고 있는 옷을 매치하여 자신에게 어울리는 컬러를 찾아본다.

② 어울리지 않는 컬러의 부정적 효과

- 기미, 칙칙함, 다크서클, 주름이 눈에 띈다.
- 얼굴에 그림자가 생겨 피곤해 보인다.
- 턱 라인의 처짐이 눈에 띈다.
- 신뢰감이 없어 보이며 차분함이 없고 자신감이 없어 보인다.

✿ 나의 퍼스널컬러는?

4. 퍼스널컬러에 따른 연출방법

계절별 컬러들의 특징과 일반적인 제안은 다음과 같다.

1 봄 타입(Spring type)

고명도 · 고채도의 노란기 있는 밝은 색이 주를 이루며 화사하다.

봄 타입의 사람은 생기 있고 발랄하며 명도가 높고 맑은 색이 어울린다. 실제 나이보다 약간 어려 보이는 특징을 갖는다. 큐트(Cute), 프리티(Pretty), 캐주얼(Casual), 스포티(Sporty)로 표현된다.

❀ 메이크업 & 헤어

투명한 피부색을 살려 크림베이지, 아이보리, 피치 등으로 베이스를 옅게 표현하고 아이섀도는 브라운 계열을, 립은 코랄 계열을 활용하면 좋다. 브라운 계열은 피부톤이 한 층 더 맑아 보이는 효과가 있어 웜톤에 좋다. 특히 오렌지브라운 컬러는 동양인의 피부톤에 잘 어울리는 색으로 화사한 표현이 가능하다. 밝은 갈색의 헤어 컬러가 어울린다.

❀ 코디네이션

노란색이 가미된 선명한 원색이나 복숭아색, 연두색, 금색 계열이 잘 어울린다. 밝은 이미지 연출을 위해 아이보리와 브라운 계열을 기본으로 오렌지나 노란색을 악센트로 사용하면 여성스러운 이미지를 연출할 수 있다. 액세서리는 골드계열이 잘 어울리며 구두 등도 베이지, 초코브라운 계열이 잘 어울린다. 전반적으로 어둡고 탁한 컬러는 잘 맞지 않는다.

봄 웜톤의 대표 연예인인 송혜교나 박보영, 아이유를 참고하자.

> Best   자연갈색이나 자연흑발, 발색이 진하지 않은 펄 제품, 뷰러로 속눈썹 강조, 오렌지가 가미된 립
>
> Worst 진한 흑색의 머리색, 스모키 눈화장, 진한 볼터치

② 여름 타입(Summer type)

고명도 · 저채도의 푸른기 있는 밝은 색이 주를 이루며 산뜻하다. 명도가 높고 부드러운 색이 어울린다. 우아하고 다소 차가워 보이지만 부드러운 인상을 갖는다. 로멘틱(Romantic), 엘레강스(Elegance), 노블(Noble), 심플(Simple), 쿨(Cool)로 표현된다.

❀ 메이크업 & 헤어

부드러운 파스텔톤으로 화사함과 내추럴함을 살린다. 기본베이스는 내추럴, 핑크 베이지를 사용하여 은은한 핑크빛을 연출하고 스카이블루, 코발트그린, 베이비핑크 등 흰색이나 실버펄을 섞은 듯한 느낌으로 표현한다. 립과 블러셔도 라이트핑크나 로즈핑크로 밝은 이미지를 연출한다. 쿨톤 타입의 헤어는 보통 블루, 그린, 그레이컬러가 어울리지만 항공사 근무 시에는 허용되지 않는다.

❀ 코디네이션

핑크빛이 도는 여름 타입은 연하늘색의 블루 계열이나 연분홍색, 라벤더, 와인색 등이 잘 어울린다. 액세서리는 실버 계열을 착용하며 구두나 벨트도 블루, 그레이, 네이비 등을 베이스로 이용하면 부드러운 이미지를 연출할 수 있다. 검정이나 주황색은 잘 맞지 않으니 피하자.

대표적 여름타입의 연예인은 손예진, 김연아, 이영애로 이들의 연출을 참고해보자.

❸ 가을 타입(Autumn type)

저명도·저채도의 노란기 있는 어두운 색이 주를 이루며 차분하다. 클래식하고 선명한 이미지다. 황색을 베이스로 갈색, 카키 등 명도가 낮고 탁한 색이 어울리며 자연의 색과 가까워 상대방에게 따뜻하고 차분한 인상으로 편안함을 준다. 네추럴(Natural), 클래식(Classic), 고급스러움으로 표현된다.

❀ 메이크업 & 헤어

네추럴하고 스모키한 메이크업이 어울린다. 골든베이지, 네추럴베이지로 피부톤을 표현하고 눈썹은 그레이브라운, 다크브라운으로 연출한다. 아이섀도는 카멜이나 브라운 계열로 깊이 있고 차분하게 표현한다. 립은 짙은 오렌지 계열이 잘 어울린다. 헤어도 짙은 브라운 계열이나 카키, 브론즈 계열이 어울린다.

❀ 코디네이션

짙은 노랑, 다갈색, 카키 등이 어울리며 카멜, 베이지, 주황, 금색, 갈색이 잘 어울린다. 액세서리는 무광이 잘 어울리며 가죽 등의 자연소재도 잘 어울린다. 구두는 다크브라운, 오이스터화이트, 붉은 갈색 등을 이용하면 도회적 이미지를 연출할 수 있다. 파란색 계열은 잘 맞지 않는다.

대표적 가을 타입의 연예인은 이효리와 한고은, 전지현, 원빈이다.

Best   카키와 버건디, 골드 섀도
Worst   블랙, 파스텔톤, 핑크 베이스의 섀도 혹은 립

④ 겨울 타입(Winter type)

저명도·고채도의 푸른기 있는 색이 주를 이루며 선명한 색이 잘 어울린다. 도시적인 차갑고 화려한 이미지를 갖고 있으며 회갈색이나 검은색의 눈동자가 피부와 대조를 이루어 세련되고 깔끔한 인상을 준다. 시크(Chic), 모던(Modern), 도시적, 세련미로 표현된다.

🌸 메이크업 & 헤어

대비색을 이용하여 뚜렷한 인상을 줄 수 있다. 원포인트 메이크업으로 선명함을 줄 수도 있다. 핑크베이지나 로즈베이지 등을 기본베이스로 눈썹은 다크브라운, 그레이, 블랙으로 짙은 느낌을 표현해도 좋다. 아이섀도는 로열블루, 아이시퍼플, 블루그린으로 선명하고 깊이 있는 눈매를 연출한다. 립은 퍼플이나 딥레드로 입술을 강조하며 블러셔는 로즈핑크로 연출한다.

🌸 코디네이션

검정색, 흰색의 선명한 대비로 샤프한 이미지를 연출할 수 있으며, 무채색을 이용하여 모던한 이미지를 표현할 수 있다. 명도가 낮은 회색이나 청색 계열을 활용하면 차분하고 세련된 이미지를 연출할 수 있다. 또한 겨울 쿨톤은 선명하고 짙은 컬러들이 잘 어울려서 강렬한 레드, 레몬옐로 등의 색상과도 조화가 어울린다. 액세서리는 다이아몬드, 주석, 실버 등으로 포인트를 주고 구두나 벨트는 블랙, 그레이, 화이트

로 깔끔함을 연출한다. 하지만 베이지, 오렌지, 골드 계열은 어울리지 않는다.

대표적 윈터 타입의 연예인은 김혜수, 아이린, 차승원이다.

Best	블랙 헤어 혹은 백색에 가까운 금발, 가벼운 화장에 붉은 립, 핫핑크와 버건디
Worst	골드 쥬얼리, 피치, 코랄의 따뜻한 색감

Summer

Light **Mute**

Winter

Bright **Deep**

Basic Color

Assort & Point Color

Spring

Light **Mute**

Autume

Bright **Deep**

Basic Color

Assort & Point Color

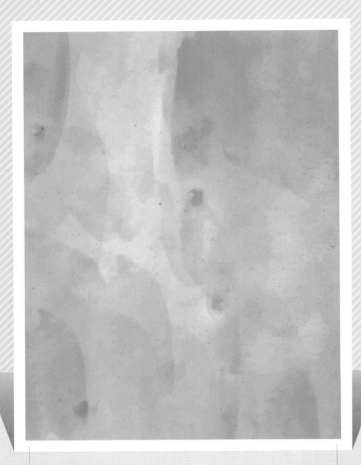

Chapter 04

메이크업 & 에스테틱

학습목표

항공사 직원의 메이크업 & 에스테틱과

항공사별 메이크업 유의사항에 대해 알 수 있다.

항공사 직원의 메이크업 유지 시간은 얼마나 될까? 객실 승무원의 경우 장거리 비행 시 오랫동안 메이크업을 하고 있다. 출근 전 메이크업을 준비하고 출근 후 비행기 탑승 및 목적지 도착과 호텔 체크인까지 승무원들은 장시간 메이크업을 하는 경우가 많다. 그리고 비행기의 건조한 기내환경과 조명 등으로 객실 승무원 메이크업은 일반 환경과 다르게 연출되어야 한다. 지상직의 경우도 이른 새벽 또는 늦은 시간 근무일 경우 피부가 쉽게 지친다.

또한 항공사 직원의 메이크업은 항공사별 CI(Cooperate Identity)에 따라 항공사의 고유컬러와 유니폼 컬러와도 전반적인 조화를 이루어야 한다.

따라서 본 장에서는 항공사 규정을 바탕으로 항공사 직원의 메이크업 방법과 에스테틱 등에 대해 알아보자.

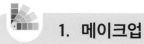

1. 메이크업

◎ 기본

- 항공사 직원의 메이크업은 밝고 건강한 이미지를 연출해야 한다.
- 피부색과 얼굴형에 맞는 메이크업으로 유니폼과 잘 어울려야 한다.
- 메이크업은 항상 자연스러워야 하며, 메이크업 색상은 회사에서 제안하는 각 항공사의 유니폼 색상과 어울리는 메이크업 컬러 서제스천 리스트(Suggestion list)를 기본으로 한다.

1 클렌징

객실 승무원에게 있어 건조한 기내환경과 장시간 메이크업 유지는 피부상태를 악화시키는 요인이 된다. 따라서 클렌징(Cleansing)과 세안을 철저히 하고, 특히 건조한 기내환경 그리고 공항환경에 대비하여 수분관리에 신경을 쓴다.

클렌징 제품은 메이크업의 부착력 좋은 피그먼트를 확실하게 제거해줄 메이크업의 마지막 단계로서 개발되었다. 유성과 수성 성분이 잘 섞이도록 도와주고 먼지와 피지가 쌓인 얼굴에서 오염 물질을 말끔히 씻어낼 수 있게 도와주는 것이 계면활성

제(Surfactant)이다. 좋은 클렌저는 노폐물과 오염 물질은 깨끗하고 말끔하게 닦아내면서도 피부에 자극을 주지 않아야 한다. 비누 성분과 피부 자극이 적은 계면활성제가 적절히 배합된 클렌저를 사용하는 것이 좋다.

클렌징의 핵심은 자극 없는 성분의 클렌저를 부드럽게 마사지하며 씻어내어야 한다. 아무리 부드럽고 순한 클렌징 제품을 사용하더라도 문지르는 강도가 세면 피부에 자극이 된다.

> **◎ 클렌징 단계**
> 아이 & 립 메이크업 리무버 - 클렌징 로션 / 크림 / 오일 - 클렌징 폼 - 토닝로션

(1) 아이메이크업 & 립 지우기

기내환경의 특성상 지속력과 어두운 조명에서의 또렷한 눈매를 강조하기 위해 사용하는 제품들은 아이 & 립 메이크업 리무버(Eye & Lip make up remover)를 필히 사용하여 제거한다.

❶ 퍼프에 아이메이크업 리무버를 흠뻑 적신다.

❷ 두 눈과 눈 밑에 각각 퍼프를 덮어 충분히 흡수시킨다. 5초간 지그시 눌러준다.

❸ 눈 아래 퍼프는 그대로 두고 그 위에 덮었던 퍼프를 걷어 속눈썹 방향으로 빗질하듯이 쓸어내린다. 다른 쪽 눈도 같은 방법으로 닦아낸다.

❹ 면봉을 이용해서 속눈썹 뿌리와 점막을 한 번 더 닦아낸다.

❺ 아이 리무버를 퍼프에 적셔 눈썹의 결을 따라 부드럽게 닦아낸다.

❻ 리무버를 퍼프에 묻혀 입술에 살짝 눌러 흡수시킨 후 결을 따라 부드럽게 닦아낸다.

(2) 클렌징 로션·크림·오일

보통 피부나 지성·복합성 피부는 클렌징 로션을 사용하고 건성·민감성 피부는 클렌징 크림과 오일을 사용하여 메이크업을 지운다.

적당량을 손바닥에 덜어서 눈가를 제외한 얼굴 전체에 고르게 펴 바르고, 얼굴

중앙에서부터 귀 쪽으로 부드럽게 살짝 문지른다. 세게 문지르면 피부에 자극이 되므로 가능한 한 약지와 중지를 사용해 가볍게 마사지하듯 지운다.

❶ 이마의 메이크업을 지울 때는 나선형을 그리며 중앙에서 바깥쪽으로 마사지하듯 문지른다.

❷ 볼은 양쪽 볼을 위아래 나누어 중앙에서 바깥쪽으로 나선형을 그리며 마사지하듯 문지르면 된다.

❸ 턱의 메이크업을 지울 때는 인중에서 턱으로 마사지하듯 문지른다.

(3) 클렌징 폼

❶ 클렌저를 덜어 손으로 거품을 낸 후 얼굴을 손끝으로 마사지하듯이 문지른다. 피지가 많은 T존을 먼저 지운다.

❷ 아침에는 탄력과 리프팅을 위해 차가운 물로 세안을 하지만 저녁에는 미지근한 물을 사용하여 세안한다. 이때, 얼굴에 물만 끼얹는 느낌으로 세안한다.

❸ 세안 후에는 타올로 가볍게 물기만 닦아내거나 자연 건조시킨다.

❹ 남아 있는 노폐물 제거를 위해 퍼프에 토닝로션을 묻혀 얼굴 중앙에서 귀 쪽으로 닦아내면서 피부결도 정리한다.

❀ 스크럽 제품

스크럽제가 함유된 제품은 클렌징 폼에 알갱이를 함유하여 매일 올라오는 각질과 노폐물을 효과적으로 제거하는 세안제로 일반 클렌징 폼보다 더 매끈하게 세안을 돕는 장점이 있다. 각질을 제거하는 스크럽은 살구 씨, 아몬드 씨, 복숭아 씨, 게 껍데기 등의 천연계와 폴리에틸렌이나 나일론 알갱이의 합성계로 구분한다.

스크럽 알갱이는 입자 표면이 둥글고 모가 나지 않아야 좋은데, 알갱이가 고르게 깎인 합성계가 천연계보다 피부 자극이 적고 안전하다. 알갱이가 있는 폼을 사용한 클렌징은 피부 자극을 최소화할 수 있도록 부드럽고 가볍게 원을 그리는 동작으로 세안해야 매끈한 피부결을 가꿀 수 있다.

🌸 피부관리를 위한 천연팩 만들기

꿀은 피부 흡수가 잘되고 보습과 살균효과도 있어 천연팩으로 사용하기가 좋다. 구하기 쉬운 재료를 사용하여 팩을 만들어보자.

(1) 피부가 거칠어졌을 경우

❶ 꿀 + 달걀 흰자 : 꿀 1큰술, 달걀 흰자 1개
- 노른자를 분리한 흰자를 잘 저어 거품을 낸다.
- 꿀을 넣어 섞는다.
- 세안 후 따뜻한 타올을 이용해 얼굴 모공을 넓혀준다.
- 거즈를 얼굴에 붙인 후 브러시를 이용해 얼굴 중심에서 바깥쪽으로 팩을 바른다.
- 10~15분 후 팩을 제거한 후 찬물로 세안한다.

❷ 꿀 + 올리브유 + 레몬 : 꿀 1큰술, 레몬즙 반 개 분량, 올리브유 1~2방울
- 레몬 반 개를 준비하여 깨끗하게 씻은 후 즙을 낸다.
- 꿀과 레몬즙, 올리브유를 섞는다.
- 세안 후 따뜻한 타올을 이용해 얼굴 모공을 넓혀준다.
- 거즈를 얼굴에 붙인 후 브러시를 이용해 팩을 얼굴 중심에서 바깥쪽으로 바른다.
- 10~15분 후 팩을 제거한 후 찬물로 세안한다.

(2) 얼굴에 여드름 등 트러블이 있을 경우

❶ 꿀 + 식초 : 꿀 1큰술, 식초 1작은술
- 꿀과 식초를 섞어 잘 저어준다.
- 세안 후 따뜻한 타올을 이용해 얼굴 모공을 넓혀준다.
- 거즈를 얼굴에 붙인 후 브러시를 이용해 팩을 얼굴 중심에서 바깥쪽으로 바른다.
- 10~15분 후 팩을 제거한 후 찬물로 세안한다.

(3) 수분이 부족하여 보습이 필요한 경우

❶ 꿀 + 우유 : 미지근하게 데운 우유 4~5큰술, 꿀 1큰술
· 우유와 꿀을 잘 섞는다.
· 세안 후 따뜻한 타올을 이용해 얼굴 모공을 넓혀준다.
· 거즈를 얼굴에 붙인 후 브러시를 이용해 팩을 얼굴 중심에서 바깥쪽으로 바른다.
· 10~15분 후 팩을 제거한 후 찬물로 세안한다.

2 기초 화장

자신의 피부 타입에 따라 각 단계(Skin toner-Eye cream-Essence-Lotion-Nutrition cream)별로 꼼꼼하게 기초 화장을 한다.

(1) 스킨 토너(Skin toner)

세안 후 건조하고 거칠어진 피부에 빠르게 수분을 공급하는 목적으로 사용된다. 산뜻하고 상쾌한 느낌을 주기 위해 가벼운 액체 타입이 많으며, 촉촉한 수분공급을 목적으로 하는 젤 타입의 스킨도 있다. 대부분 끈적임이나 유분감이 없고, 수분에 가까운 질감이며 화장솜이나 퍼프를 이용하여 피부를 정리하고 남아 있는 노폐물을 제거해준다.

(2) 아이크림(Eye cream)

건조한 환경에서 근무하는 항공사 직원에게 아이크림의 사용은 필수다. 아이크림은 눈 주위의 얇은 피부와 작은 모공에 사용가능하여 주름을 예방하고 노화 현상을 방지한다. 웃는 표정의 빈도가 높은 항공사 직원들의 업무특성상 눈가의 주름은 피할 수 없으며 따라서 아이크림은 노화가 시작되는 20대 초반부터 바로 사용하여 예방을 해주어야 한다. 또한 입자가 미세한 아이크림은 굵게 패고 피지선이 발달한 팔자주름에도 사용해주면 주름 개선 효과가 있다.

아이크림 사용 시 비교적 힘이 약한 중지와 약지를 사용하여 피부 자극이 없도록 하며 눈꺼풀 위아래에 발라 제품이 충분히 흡수될 때까지 가볍게 톡톡 두드려 사용한다.

(3) 에센스(Essence)

에센스는 '세럼'이라고도 하며 이는 혈액 중 영양 성분이 많은 혈청을 뜻하는 것으로 그만큼 피부에 영양을 준다. 보통 일반 에센스를 바르기 전에 부스터 에센스를 사용하여 잠이 덜 깬 피부를 깨우거나 지친 피부를 진정시켜 고농축 에센스의 흡수를 돕는다. 에센스는 활성 성분을 고농축한 것으로 기능성 제품들이 많으며, 피부가 스스로 자기 기능을 하지 못하고 노화가 시작되면 이러한 활성 성분들이 보조제의 역할을 해서 피부 노화를 억제한다. 활성 성분들은 입자가 작고 피부 침투력이 좋아 피부 깊숙이 흡수되어 세포 재생을 돕는다.

에센스의 종류는 다음과 같다.

✿ 화이트닝 에센스

멜라노사이트 내의 멜라닌 생성 억제, 표피층으로의 확산 억제, 이미 생겨 침착된 멜라닌을 제거하여 뽀얗고 투명한 잡티 없는 피부를 만들어준다.

✿ 안티에이징(노화방지) 에센스

콜라겐 합성 부스트, 세포 재생, 피부 보호를 통해 탄력을 되찾고 생기를 부여하며 주름을 완화시켜준다. 주요 성분은 폴리페놀, 비타민C·A·E, 징코빌로바, 히알루론산, 펩타이드, 코엔자임Q10 등이 있다.

✿ 피지 정상화 에센스

피지 분비 억제, 분비된 피지 흡수, 염증 완화, 피부결점 생성을 방지해 번들거리지 않고 뽀송뽀송한 피부를 만드는 데 도움을 준다.

✿ 수분 공급 에센스

수분 부족으로 인해 땅기고 푸석푸석한 피부에 보호막 강화, 수분 공급을 하여 촉촉하고 편안한 피부를 만들어준다. 주요 성분으로 히알루론산, 세라마이드 등을 사용한다.

❀ 민감성 에센스

민감한 피부를 진정시켜 안정을 주고 달래는 기능을 한다.

❀ 부스터 에센스

아침에는 피부를 깨우고 수분과 비타민 공급, 밤에는 피부를 진정시켜 다음 단계인 메인 트리트먼트의 흡수력을 높여준다. 주요 성분으로는 비타민C, 캐모마일, 린덴, 인삼 등이 있다.

(4) 로션 & 크림(Lotion-Nutrition cream)

로션과 크림은 피부를 보호하고 영양을 공급하여준다. 피부의 유수분 밸런스나 노화방지를 위해 기능성 성분이 있는 제품을 사용한다. 크림은 로션보다 점성이 높고 마지막 단계에서 피부에 보호막을 형성시켜준다. 데이크림과 나이트크림으로 구분하기도 하며 데이크림은 낮에 자외선 노출을 고려하여 이에 필요한 영양에 자외선 차단기능까지 포함되어 있다.

나이트크림은 낮 동안의 활동으로 지친 피부를 밤사이 주름이나 탄력, 피부톤, 피부결, 처짐, 건조 등을 집중 케어하여 피부보습과 재생에 도움을 준다. 나이트크림을 낮에 바를 경우 자외선에 약한 성분(레티놀, 레티닐팔미테이트, 비타민C 계열의 성분 등)을 파괴하고 데이크림보다 유분기가 좀 더 있어 매트한 화장 표현이 힘들다. 따라서 성분을 파악한 뒤 데이크림과 나이트크림을 구분해서 사용하는 것이 좋다. 하지만 이것이 번거롭다면 데이 앤 나이트 모두 사용가능한 크림을 사용하여 보습과 영양을 한꺼번에 주어도 무방하다.

 쉬어가기

노화방지를 위한 노력은 고대부터 지속되어왔다. 이집트 여왕 클레오파트라는 700마리의 당나귀를 이용해 당나귀 우유로 목욕을 자주 한 것으로 알려져 있는데 이는 피부를 부드럽게 하고 영양을 공급해 노화를 방지하기 위함이었다고 한다. 이후 16세기 엘리자베스 여왕 1세는 노화방지를 위해 화이트 와인으로 목욕을 했다. 19세기 메치니코프가 면역력 증대와 의약품 개발을 통한 수명연장에 대해 연구하면서 유럽의 화장품 회사들이 잇따라 안티에이징 제품을 출시하게 되어 오늘날에 이르게 되었다.

3 피부 화장

(1) 자외선 차단제(Sun block)

- 자외선 및 기내 조명으로부터 피부를 보호하기 위해 자외선 차단제를 사용한다.
- 사용 시 SPF와 PA를 고려한다.

① SPF(Sun Protection Factor)

자외선 B(UV-B)를 차단하며 간접적 피부 그을림으로 인한 기미, 주근깨를 방지한다. 일상생활 시 SPF15면 충분하고 등산이나 스키장과 같은 운동 시에는 SPF30 이상, 해변가에서는 SPF50을 사용한다.

② PA(Protection grade of UV-A)

자외선 A를 차단하며 직접적 피부 그을림으로 인한 색소 침착을 방지하며 피부 건조를 예방한다. 일상생활 시 PA^+, 운동 시 PA^{++}, 해변가에서는 PA^{+++}를 사용한다.

- 건성피부는 촉촉한 오일이나 밤(Balm) 타입을, 지성피부는 산뜻한 젤 타입이나 로션, 워터 타입을 사용하고 야외운동 시에는 땀에 차단제가 지워질 수 있으므로 스틱이나 쿠션 타입으로 덧발라준다.

(2) 프라이머 & 메이크업 베이스(Primer & Make-up base)

- 프라이머는 넓은 모공을 매끈하게 보완해주는 기능을 한다. 메이크업 베이스는 화장품과 오염된 환경으로부터의 피부 보호를 위해 사용하며, 자신의 피부색을 중화시킬 수 있는 색상을 선택한다.

※ BB(Blemish Balm)크림이나 CC(Color corrector)를 사용하여 피부를 보호하고 잡티를 커버하며 피부톤을 정돈할 수도 있다. 파운데이션보다는 컬러가 한정적이다.

쉬어가기

　상처 치유 크림(Blemish Balm)의 줄임말인 BB크림은 1950년대 독일의 피부과 전문의 크리스틴 슈라멕(Christine Schrammek)이 환자들이 박피와 같은 피부 시술 후에 바르도록 개발한 것이 시초이다. 천연재료로 만들어진 BB크림은 치료로 인해 빨갛게 된 피부톤을 보정하면서 피부를 진정시키기 위한 연고로 사용되었다. 1970년대 독일로 파견을 갔던 간호사들이 한국에 들어오면서 소개되었고, 1983년부터 정식 수입되었다. 이후, 피부톤을 밝게 하는 데 관심이 많은 아시아 여성들의 수요에 맞추어 2006년 한국 브랜드인 '스킨79'가 최초로 메이크업 기능이 강화된 BB크림으로 보완하여 개발하면서, 뷰티 밤(Beauty Balm)으로 불리기 시작했다. 뒤를 이어 2012년 에스티로더, 클리니크, 메이블린 등의 서양 브랜드도 BB크림을 출시했다.

(3) 컨실러(Concealer)

- 얼굴에 흉터나 잡티, 반점, 다크서클(Dark circle) 등이 있는 경우라면 파운데이션 색보다 한 단계 밝은 색의 컨실러를 이용, 피부결점을 보완하여 피부톤을 고르게 한다.
- 피부 전체 커버를 위해서는 리퀴드 타입을 사용하고 잡티나 점의 커버를 원할 경우에는 스틱 타입을 사용하며, 다크서클이나 입 주위 팔자주름 커버를 원할 경우 브러시 타입의 컨실러를 사용한다.

(4) 파운데이션(Foundation)

- 자신의 피부톤에 잘 맞는 색상을 선택하여 목과 얼굴의 피부색 차이가 두드러지지 않게 펴 바른다.
- 건조한 환경에서 오랫동안 메이크업을 유지할 수 있도록 커버력이 좋고 가급적 수분 함유량이 높은 제품을 선택하여 피부톤을 고르게 정리해준다.

(5) 파우더(Face powder)

- 투명 파우더나 반투명 파우더를 퍼프로 두드리듯이 사용하여 파운데이션의 유분기를 제거한다. 건조한 피부는 브러시를 사용한다.
- 근무 중에도 항상 뽀송뽀송함을 유지할 수 있도록 한다.
- 지나친 사용으로 피부표현이 두껍게 되지 않도록 유의한다.

(6) 픽서(Fixer)

화장이 지워지지 않게 고정시켜주는 역할을 한다. 베이스 또는 색조 메이크업 후 사용을 하며 건조한 피부라면 미스트가 가미된 픽서를 사용한다. 단 오일 성분이 함유된 픽서는 번들거림으로 인해 기내에서의 사용은 피한다.

4 색조 화장

(1) 아이브로(Eyebrows)

- 주기적인 눈썹 정리로 항상 깔끔한 인상을 유지한다. 눈썹 빗과 가위를 이용하여 정리한다.
- 눈썹의 색상은 머리카락의 색과 동일한 색상을 선택한다.
- 일반적으로 검정색과 갈색의 적절한 혼용으로 자연스럽게 눈썹의 윤곽을 메꾼다.

> **Tip!** 얼굴형에 맞는 눈썹 연출
>
> - 둥근 얼굴형은 귀여운 스타일로 좀 더 지적이고 세련되게 연출하기 위해 눈썹 위를 꺾어서 그려준다. 일자눈썹으로 그릴 경우 다소 둥근 얼굴이 더 강조되어 유니폼에 안 어울릴 수가 있다.
>
>
>
> - 긴 얼굴형은 지적인 얼굴로 자칫 나이 들어 보일 수가 있다. 이런 면을 보완하기 위해 일자 눈썹으로 그려주는 것이 좋다.
>
>
>
> - 각진 얼굴형은 인상이 강해 보일 수 있다. 이런 점을 보완하기 위해 눈썹을 부드럽고 둥근 아치형으로 그려준다. 자칫 눈썹을 각지게 그릴 경우 더 차가운 인상을 줄 수 있다. 또한 너무 두껍게 그리면 답답함을 줄 수 있어 너무 두껍지 않게 그린다.
>
>
>
> - 계란 얼굴형은 어떤 눈썹도 잘 어울린다. 눈썹에 따라서 다양한 인상을 만들어내면 된다.

이렇듯 일자형 눈썹은 어려 보이고, 둥근 눈썹은 부드러운 인상을 만들어주고, 아치형 눈썹은 세련된 느낌을 줄 수 있다.

(2) 아이섀도(Eyeshadow)

- 장시간 지속될 수 있도록 아이프라이머를 먼저 발라준다.
- 밝고 화사한 이미지를 줄 수 있는 색상 계열로 뭉치지 않게 가볍게 펴 발라 기본 색감을 연출한다.
- 큰 펄이 포함되어 있거나 유분이 많아 보이는 크림 타입의 아이섀도 제품은 사용을 금한다.

- 각 항공사별 유니폼에 어울리는 컬러를 선택한다. 일반적으로 오렌지, 핑크, 코랄 등 밝고 화사한 색을 선호하며 항공사에 따라 음영을 넣는 스모키 화장법이 허용되기도 한다.
- 아이섀도는 다음과 같은 순서로 베이스와 메인, 포인트, 하이라이트 순으로 터치한다.

Tip! 결점을 보완하는 아이섀도 연출 팁

- **눈이 돌출된 경우** 인상이 처지고 무거워 보이는 단점이 있다. 이런 경우 파스텔톤의 펄이 없는 섀도를 사용한다. 옅은 베이지를 베이스로 하고 옅은 피치와 바이올렛이 어울린다. 밝은 컬러로 하이라이트를 주고 눈뼈는 밝게, 아이홀은 어둡게 연출한다.
- **눈이 꺼진 경우** 펄이 약간 들어가 있는 것을 사용하여 눈두덩이 가장 돌출된 부분에 사용하고 짙은 갈색 피부일 경우 아쿠아블루나 짙은 라벤더컬러를 사용하고 눈 끝부분에 포인트 색을 바른 후 그라데이션 처리한다.
- **눈 사이가 가까운 사람** 밝은색의 아이섀도를 앞머리 1/3 부분에 연결해서 밝게 발라준다.
- **눈 사이가 먼 사람** 포인트컬러로 눈 앞머리를 발라준다.

(3) 아이라인(Eyelines)

- 리퀴드 타입이나 펜슬 타입으로 사용할 수 있으며, 색상은 블랙과 다크브라운 으로 제한한다.
- 눈 아랫부분의 진한 아이라인(Under line) 사용은 금한다.
- 펜슬 타입의 아이라이너로 점막을 채운 후 리퀴드 아이라이너로 눈매가 또렷 이 보이도록 연출한다. 아이라인의 꼬리는 개인의 눈매를 보완해줄 수 있는 방 법으로 처리하되 너무 위로 올려 강한 인상을 주지 않도록 한다.

(4) 마스카라(Mascara)

- 또렷한 눈매 표현을 위해 마스카라는 사용하되, 블랙과 다크브라운으로 제한 한다.
- 지나친 사용으로 두껍게 뭉치거나 번지지 않도록 한다.
- 인조 속눈썹과 속눈썹 연장시술은 부자연스럽지 않게 하고 항공사에 따라 금 하기도 한다.

(5) 립스틱(Lipstick)

- 립라이너를 이용하여 입술 윤곽을 깨끗하게 정리하며, 지나친 입술선 수정은 피한다.
- 아이섀도와 조화를 이루는 화사한 색상의 립스틱으로 입술 전체를 펴 바른다.
- 생기 있고 윤기 있는 입술 표현을 위해 립글로스의 사용은 허용하나, 윤곽선을 넘어서거나, 지나치게 번쩍이지 않도록 유의한다.
- 립탑코트로 마무리를 하여 장시간 근무에 립스틱이 번지지 않도록 한다.

(6) 블러셔(Blush)

- 메이크업의 마무리 단계에서 생동감 있고 화사한 분위기 연출을 위해 얼굴형 에 어울리게 볼 화장을 한다.
- 경계선이 보이지 않도록 주의한다.

❀ 메이크업, 이럴 땐 이렇게!

- 여름철은 피부가 가장 옅을 때인 겨울철보다 약간 어두운 계열의 파운데이션을 사용하여 자연스러운 피부톤 표현이 되도록 한다.

- 눈밑 다크서클 커버를 위해 컨실러를 사용하기 전 소량의 아이크림으로 눈밑을 부드럽게 해준다. 자칫 뭉칠 수 있으므로 주의하자.

- 인상이 강한 스타일이라면 마스카라의 색상을 블랙보다 브라운 계열로 사용하면 좀 더 인상이 부드러워 보인다.

- 아이섀도는 습기에 민감하여 파우더로 눈꺼풀을 살짝 두드려 유수분기를 없앤 후 사용한다.

- 작은 입술일 경우 짙은 색의 립스틱보다는 중간 톤이나 밝은 톤의 립스틱을 사용하는 것이 입술을 좀 더 볼륨있게 보이게 한다.

- 블러셔는 두 가지를 사용하면 자연스럽게 연출 가능하다. 하나는 자연스럽게 표현 가능한 본인의 피부톤의 색을 사용하고 다른 하나는 피부톤보다 한 톤 밝은 색을 사용하여 광대뼈 약간 윗부분에 악센트용으로 사용한다. 이렇게 하면 좀 더 자연스럽게 생기 있는 블러셔를 연출할 수 있다.

- 얼굴 축소를 위해 셰이딩을 할 때는 피부톤보다 한 톤 어두운 색상을 사용하며 피부톤 자체가 어두운 편이라면 펄감이 살짝 느껴지는 붉은 톤을 선택하고, 옐로 피부는 다크한 골드톤으로 은은하게 표현하는 것이 좋다. 주의할 점은 얼굴 피부톤과 구분되지 않도록 한다.

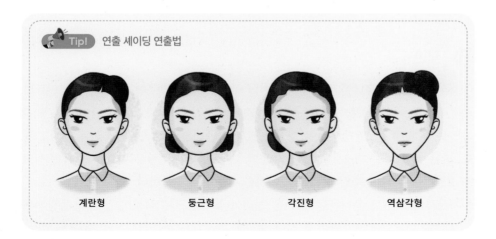

Tip! 연출 세이딩 연출법

| 계란형 | 둥근형 | 각진형 | 역삼각형 |

❀ **화장품 유효기간**

구 분	기 간	구 분	기 간
자외선차단제	1년	아이브로	1년
메이크업베이스	1년	아이섀도	1년
컨실러	1년	아이라인	1년
파운데이션	12~18개월	마스카라	3~6개월
파우더	2년	립스틱	12~18개월
-		블러셔	2년

2. 주요 항공사별 메이크업

항공사별로 유니폼의 색상이나 디자인, 추구하는 이미지가 다르기 때문에 항공사마다 메이크업의 스타일이 조금씩 다르고 외국 항공사의 경우 국가별로 선호하는 색상 또한 다르다. 국내 항공사에 비해 외국 항공사는 메이크업이 좀 더 화려하고 개성이 있다.

하지만 모든 항공사에서 공통으로 선호하는 컬러는 오렌지, 핑크를 기본으로 바이올렛 계열과 피치이다. 너무 어둡거나 개성이 강한 메이크업, 두꺼운 화장은 주의하도록 하자.

1 대한항공

객실 승무직은 유니폼 컬러인 베이지와 블루 계열에 맞추어 밝고 화사한 민트와 스카이블루, 라벤더 컬러를 이용하며 얼굴이 비교적 하얀 사람은 스카이블루, 약간 어두운 톤이거나 노란기가 있을 경우 민트나 라벤더 계열로 연출한다. 이 외에도 핑크, 피치 등 화사한 파스텔 계열의 색조면 모두 가능하고 립은 이와 어울리는 핑크나 코랄을 이용하며 블러셔는 핑크, 피치를 사용하여 연출한다.

지상직의 경우도 유니폼은 어두운 컬러이나 스카프는 객실 승무직과 동일하여 이에 맞게 민트와 스카이블루를 사용해도 좋고 코랄로 산뜻하게 연출할 수도 있다.

Mint blue
- Base : Gold pearl(작은 입자)
- Main : Mint blue
- Point : Aqua blue
- Cheek : Pink
- Lip : Pink 계열

Lavender
- Base : White
- Main : Lavender
- Point : Grey
- Cheek : Peach
- Lip : Pink 또는 Coral

2 아시아나항공

　따뜻함과 안정감을 주는 짙은 그레이의 유니폼 컬러에 맞춰 이에 어울리는 화장을 선호한다. 라벤더, 바이올렛 등 화사한 핑크 계열과 오렌지 계열을 기본으로 유니폼 컬러와 어울리는 연한 브라운·그레이·카키도 선호한다. 지적이며 은은하고 내추럴한 메이크업을 연출한다.

3 제주항공

　제주항공은 베이지의 유니폼과 오렌지컬러의 스카프가 포인트다. 메이크업도 이러한 유니폼 컬러에 맞춰 코랄과 오렌지 계열로 상큼하고 생기 있게 표현한다. 립도 아이섀도와 같은 계열인 코랄과 피치, 오렌지 계열로 연출한다.

4 진에어

　밝고 역동적인 이미지를 위해 아이라인을 또렷하게 표현하며 도시적인 유니폼에 맞춰 눈썹도 일자형으로 그려준다. 아이섀도는 옅은 브라운 계열이나 오렌지 계열을 베이스로 눈매를 차분히 해준 후 짙은 초코브라운의 컬러를 이용하여 음영을 넣어준다. 핑크색의 블러셔와 코랄색의 립스틱을 사용한다.

5 싱가폴항공

　동양 여성의 신비로움과 섹시함이 싱가폴항공의 콘셉트이다. 싱가폴항공의 규정

화장이자 면접에서 최고로 선호하는 화장은 파란색, 청록색 또는 붉은 계열의 아이섀도에 빨간색 또는 와인색 입술, 빨간색 매니큐어로, 전체적으로 붉은 계열로 여성스러움을 강조하며 화려한 화장이 특징이다.

⑥ 에미레이트항공

다른 항공사보다 전체적으로 또렷하고 강한 화장을 선호한다.

에미레이트 유니폼은 연한 베이지색 투피스와 빨간색의 모자가 포인트로 메이크업은 약간 진한 눈썹에 레드립을 강조하는 것이 좋다. 만약 빨간 립이 잘 어울리지 않는다면 아이섀도

에 음영을 넣은 스모키 메이크업으로 눈을 좀 더 강조한다. 에미레이트 항공은 메이크업도 중요하지만 고운 피부결과 톤 그리고 치아의 상태를 중시한다. 따라서 평소 피부관리에 좀 더 신경을 쓰는 것이 좋다.

⑦ 카타르항공

메이크업에 대한 뚜렷한 선호도는 없는 편이지만 그루밍체크 시 마스카라, 립, 블러셔, 네일은 필수로 체크한다. 각자 자신에게 어울리는 화장이면 되고 눈에 너무 포인트가 없는 사람은 세미 스모키 메이크업을 하여도 좋다.

아이라인은 진하고 선명한 메이크업을 선호

하는 중동 항공사답게 진한 언더라인도 가능하다. 카타르 유니폼은 진한 자주색 계열로 버건디 같은 와인색 입술이나 화장을 선호한다.

전반적으로 또렷한 인상을 주어야 한다. 메이크업은 국내 항공사보다 좀 더 진하게 연출한다. 아이섀도는 유니폼 컬러와 상반되는 카키, 블루 등은 안 되고 브라운과 그레이를 사용하여 전반적으로 차분하게 연출하고 피치나 핑크톤의 블러셔를 사용한다. 립은 유니폼과 어울리는 레드나 버건디, 핫핑크의 선명한 색상으로 마무리한다.

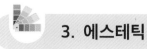

3. 에스테틱

1 손

(1) 기본

- 항상 청결을 유지하며, 손톱의 길이는 1mm 이 내를 유지한다.
- 여직원의 경우 반드시 매니큐어(Manicure)를 발라 야 한다.
- 매니큐어의 색상은 립스틱과 같은 계열 또는 투명 매니큐어에 한해 바를 수 있다. 단, 유색 매니큐어를 바를 경우에는 손톱의 길이는 2mm 이 내까지 허용한다.

- 2가지 이상의 매니큐어 사용이나 네일아트는 금하지만 항공사별로 허용하는 항공사도 있다.
- 매니큐어는 자연스러운 누드 핑크, 누드 오렌지, 우윳빛 컬러, 투명색 등으로 하는 것이 일반적으로 무난하고 항공사별 유니폼 컬러에 따라 립의 색상과 맞 추어 색상을 선택하기도 한다.

거칠어진 손은 이렇게!

　건조한 기내환경과 업무특성상 비행 시 손이 거칠어지는 경우가 많다. 이럴 경우 취침 시 손에 핸 드크림을 듬뿍 바른 후에 비닐장갑을 끼고 면장갑을 한 번 더 끼고 자면 아침에 매끄럽고 뽀송한 손 을 느낄 수 있다.

손톱 관리는 이렇게!

　우선 큐티클오일과 니퍼, 푸셔를 이용해 손톱 정리를 한 후 잘 부러지는 손톱은 네일강화제를 발 라주어 손톱에 영양을 준다. 손톱이 누렇게 변했을 경우에는 네일버퍼로 손톱 표면을 갈아준 후 베 이스코트를 위에 발라주어 착색이 되는 것을 방지하며 더불어 탑코트를 발라 매니큐어가 오래 유지 되도록 한다.

(2) 발

- 지속적인 각질 관리로 발뒤꿈치의 청결 상태를 유지한다.
- 여승무원의 경우 패디큐어(Pedicure)는 단색에 한하여 허용한다.

Tip! 혈액순환을 도와주는 마사지법

오랫동안 서서 근무를 하게 되면 발이 아프고 혈액순환이 되지 않는 경우도 있다. 발 마사지를 주기적으로 해보자.

❶ **스크럽하기** 발등 → 발바닥 → 발꿈치 → 복사뼈 순서로 스크럽하며, 특히 각질이 많은 발꿈치는 세심하게 돌리면서 한다.

❷ **오일과 세럼 바르기** 보습 성분이 있는 오일이나 릴랙싱 기능이 있는 아로마 오일을 사용하여 발라주고, 발의 노화를 막기 위해 세럼을 듬뿍 바른다.

❸ **풋크림 바르기** 풋크림을 취침 전 발등과 발목, 발뒤꿈치에 듬뿍 바른다. 발톱을 튼튼하게 하는 성분이 들어 있는 제품을 사용하여 발톱 위를 원을 그리면서 마사지한다.

---

(3) 면도

- 근무 전 반드시 면도를 해야 하며, 면도 후에는 애프터셰이브로션(After Shave Lotion)을 바른다.
- 코털이 밖으로 나오지 않도록 주의한다.

(4) 향수

- 향수는 반드시 사용하되 자신의 체취와 잘 어울리는 향수를 선택하여 너무 지나치지 않은 은은한 향을 유지한다.
- 여름철이나 땀냄새가 심한 경우에는 데오도런트(Deodorant)를 사용한다.
- 기내에서 향수 사용 시 유의사항

❶ 유니폼에 직접 뿌리면 변색이 될 수 있기 때문에 가급적 피하고 안감에 살짝 뿌린다.

❷ 맥이 뛰는 곳, 즉 귀 뒤쪽과 손목 안쪽, 무릎 안쪽에 뿌린다.

❸ 향은 아래에서 위로 올라가기 때문에 치맛단이나 바지 아랫부분에 뿌린다. 알레르기가 있는 사람은 화장솜에 향수를 묻혀 안주머니 등에 넣고 다녀도 좋다.

❹ 지성인 사람은 체취가 강하기 때문에 깨끗하고 단순한 향을 쓰고 건성피부인 사람은 향이 빨리 발산되지 않도록 피부에 오일 종류를 바르고 향수를 사용하면 향이 오래 지속된다.

❺ 식사서비스 직전에는 향수를 뿌리게 될 경우 승객들의 후각을 자극하여 식사를 방해할 수 있다. 적어도 2~3시간 전에 사용하자.

향수 종류

플로럴노트(Floral note)

· 천연의 꽃향기나 꽃의 이미지를 표현하여 옛날부터 여성들로부터 사랑받아온 향 중의 하나이다. 하지만 남성용이라고 할지라도 모든 향수는 플로럴향을 포함한다.

· 계곡의 장미-자스민-백합 어코드를 지닌 랑방의 '아르페주', 장미-자스민-수선화 어코드를 지닌 에르메스의 '아마존' 등은 플로럴향의 고전이다.

· 크리스찬 디올의 '화렌하이트'의 바이올렛 노트나 아자로의 '악퇴르'의 장미 노트처럼 남성용 향수에 쓰인 플로럴노트는 식별이 가능하기는 하지만 여성보다는 은은한 편이다.

그린노트(Green note)

· 풀이나 나무에서 느껴지는 것처럼 시원하고 상쾌한 향기이다.

· 막 베어낸 풀이나 나뭇잎, 또는 나뭇가지를 연상시키는 상쾌한 향조, 이 범주에 속하는 향은 일반적으로 바이올렛 잎사귀 에센스 또는 유향수라고 불리는 피스타치아 렌티스쿠스, 갈바늄, 커다란 홍당무 뿌리 추출물 등이 포함된다.

알데히드노트(Aldehyde note)

· 천연 또는 인공 원료로부터 얻어진 탄소, 수소, 산소, 원자 등을 포함한 유기 화합물 알데히드는 확산 효과가 매우 뛰어나다.

· 조향사 에르네스트 보는 '샤넬 넘버 5'에서 알데히드를 다량 사용하여 매우 현대적인 혼합 방식인 이른바 '알데히드 타입'의 향을 탄생시켰다. 알데히드 타입은 톱노트(Top note)가 상당히 풍부하고 진하다.

시프레노트(Chypre note)

· 축축한 나뭇잎이 타는 듯한 향기로 지적인 분위기와 잘 어울린다. 깊이 있는 조용한 분위기의 향이다.

· '시프레'라는 명칭은 지중해에 있는 사리프러스섬으로부터 실제로 느낀 향기의 인상을 따서 1917년에 발표한 코티의 '시프레'라는 향수에서 유래되었다.

오리엔탈노트(Oriental note)

· 동양인의 신비하고 이국적인 이미지를 표현한 향수로 베이스의 은근한 동물 향조 위에 화장분 냄새를 풍기는 부드러운 바닐라향이 주조를 이루는 향수의 한 계열이다.

스파이시노트(Spicy note)

· 시나몬, 정향나무, 너트맥, 후추향을 연상시키는 후각 효과를 가진다.

· 샤넬의 '코코'에서처럼 플로럴이나 앰버, 또는 우디 계열의 향에 깊이를 더해줄 때에도 전형으로 손꼽는다.

프루티노트(Fruity note)

· 최초의 인공 과일 향조는 20세기 초에 생산된 복숭아 향이었는데, 겔랑의 '미츠코', 로샤스의 '팜므'에 사용되었다.

· 오늘날에는 붉은 과일, 이국의 과일, 버찌향 등이 나는 상당수의 프루티노트가 개발되어 있다. 이 새로운

분자의 매력적인 향은 이른바 '미식가용 향수'를 도입시킴으로써 오늘날의 향수 창조에 새로운 동기를 부여했다.

시트러스노트(Citrus note)

· 감귤류의 향기를 특징으로 한다. 신선하고 상큼하며 가벼운 느낌이 들고 휘발성이 강하다.
· 오렌지, 베르가못, 레몬, 귤, 자몽 등을 원료로 한다. 누구나 무리 없이 소화할 수 있다.

오셔닉노트(Oceanic note)

· 다시마 등의 해조류나 짠 공기 등 바다 느낌을 주는 인공향 생산물 계열의 향은 탈출과 넓은 공간에 대한 열망이 횡행하던 1980년대 말에 인기를 끌었다.
· 태양에 달구어진 미국 캘리포니아 해안을 떠올리게 하는 아라미스의 '뉴 웨스트 포 허' 상쾌한 대서양 이미지의 '겐조 뿌르 옴므'가 대표적인 오셔닉노트의 향수이다.

타바코-레더노트(Tabacco-leather note)

· 자작나무 타르와 동물향에서 따르는 가죽 담배향으로 남성 향수에 많이 사용된다.

우디노트(Woody note)

· 나무의 껍질, 향목 등 나무를 연상시키는 은근한 냄새가 특징이며, 자연스럽고 드라이한 수단, 백단향을 말한다.

부케(Bouquet)

· 잘 알려진 꽃들이 나타내는 향의 주제이다. 부케는 은밀하고 세련된 두세 가지 향의 복합을 뜻한다. 프랑스에서 이 말은 '아름답고 향기로운 꽃들의 조합'을 가리켰다.

☞ 직장이나 학교 등 공적인 장소에서는 그린이나 플로럴 향이 무난하고 도시적 연출을 하고 싶을 때는 알데히드 타입을 사용한다. 따뜻한 인상을 주는 쉬프레 타입은 가을과 겨울에 잘 어울리며 화려하고 강한 인상을 주고 싶을 때는 오리엔탈 타입을 사용한다.

(5) 치아

· 건강하고 깨끗한 치아를 유지한다.
· 담배나 커피 등에 의한 착색이 심한 경우에는 치아 미백관리를 통해 깨끗한 치아를 유지한다.

(6) 렌즈

단순 미용을 목적으로 하는 컬러렌즈(Color lens)나 서클렌즈(Circle lens)의 착용은 절대 금한다.

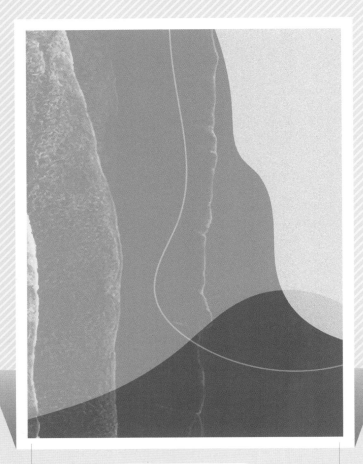

Chapter 05

헤어 연출

학습목표

항공사 직원의 헤어규정과 연출방법을 알고

이를 실습할 수 있다.

항공사 직원의 헤어는 회사마다 규정이 상이하다. 주로 FSC(Full Service Carrier : 대형 항공사)의 경우 기존의 용모복장 규정이 유지되고 있는 반면 신생 LCC(Low Cost Carrier : 저비용 항공사)의 경우 규정이 좀 더 자유롭다. 하지만 별 다른 규정이 없다 하더라도 승객을 응대하는 항공사 직원으로서 유니폼을 입었을 때 깔끔한 헤어상태는 기본적으로 직원들 스스로가 지켜나가고 있다.

 1. 기본

- 항상 청결하고 건강한 상태를 유지한다.
- 반드시 헤어드라이어를 사용하여 단정하게 손질한다.
- 젤(Gel), 무스(Mousse), 헤어스프레이(Hair Spray) 등의 헤어스타일링 제품 사용으로 완성된 헤어스타일을 지속적으로 유지하되, 지나친 사용으로 젖은 것처럼 보이거나 반짝거려서는 안 된다.

 **Tip!** 헤어관리는 이렇게!

헤어 제품의 빈번한 사용으로 항공사 직원의 헤어는 쉽게 손상이 된다. 목욕 시 트리트먼트 제품이나 헤어팩을 이용하여 모발에 윤기와 영양을 주도록 하자. 두피건강을 위해 천연트리트먼트를 만드는 것도 방법이다. 달걀 흰자로 헤어트리트먼트 만드는 방법을 알아보면 다음과 같다.

① 달걀 흰자 3개분을 깨끗한 볼에 넣고 거품기로 잘 섞는다. 떠보았을 때 힘이 있는 거품이여야 한다.
② 샴푸를 한 다음 물기를 닦은 머리카락에 골고루 발라 두피에 문질러 마사지하듯이 사용한다.
③ 헤어캡을 쓰고 10분 정도 둔다.
④ 미지근한 찌꺼기가 남아 있지 않도록 물로 깨끗이 헹구어낸다.

2. 헤어 컬러

허 용	비허용
• 자연스러운 자기 머리색 • 검정색 • 짙은 밤색 (과다한 흰머리와 새치머리는 상기 색상으로 염색)	• 지나치게 눈에 띠는 유행형 염색 (⑩ 레드, 오렌지, 퍼플, 블루 등) • 탈색 또는 부분염색 • 과다한 새치머리 • 염색한 색상과 새로 자란 머리카락의 색상 차이가 두드러지는 경우

3. 헤어 스타일

 남성

항상 단정하고 깔끔하게 짧은 길이를 유지해야 한다.

- 앞머리는 눈썹을 가리지 않아야 한다.
- 옆머리는 귀를 덮지 않아야 한다.
- 뒷머리는 셔츠 깃의 상단에 닿지 않도록 한다.
- 머리의 경우 반드시 헤어드라이어로 웨이브를 펴서 손질한다.
- 지나치게 머리 숱이 없는 경우 가발 착용을 하도록 한다.

2 여성

(1) 짧은 머리형

- 웨이브가 없는 커트 스타일과 어깨선에 닿지 않을 정도 길이의 단발 스타일만 허용한다.
- 단발머리는 뒷머리가 지나치게 층이 생기지 않도록 가지런하게 정리한다.
- 곱슬머리나 파마를 한 경우에는 반드시 헤어드라이어로 웨이브를 펴서 손질한다.
- 앞머리는 눈을 가리지 않아야 하며, 서비스 시 옆머리가 흘러내리지 않도록 고정하여야 한다. 이 경우 항공사에 따라 헤어밴드와 앞머리 고정용 핀이 허용되기도 한다.

(2) 긴 머리형

망으로 감싸 묶는 스타일(Bun hair style)과 프렌치트위스트 스타일(French Twist style)을 할 수 있다. 특히 국내 항공사는 망으로 묶는 스타일을 선호하지만 외국 항공사의 경우 프렌치트위스트 스타일도 많이 한다.

- 망으로 감싸 묶는 스타일의 경우 머리를 묶는 위치는 뒷머리의 중간으로 제한한다.
- 보조핀은 2개까지 착용한다.
- 잔머리는 헤어스타일링 제품을 사용하여 정리한다.

  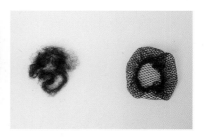

❀ 망으로 감싸 묶는 스타일(Bun hair style)

앞머리는 섹션을 나누어 뒤에서부터 볼륨을 넣어 헤어스프레이로 고정한 후 신축성 있는 검정색 고무줄로 묶는다.

'U' 핀에 망 2개를 끼워 묶은 머리 상단에 꽂는다. 망을 양쪽으로 모아 끝부분이 보이지 않도록 머리 안쪽으로 넣는다.

상단을 고정한 채 한 방향으로 돌려 모양을 만든 후 'U' 핀으로 고정한다.

※ 머리가 짧을 경우 두 갈래로 나누어 돌려 올리면 완성된 머리가 더 풍성해 보인다.

헤어제품으로 잔머리를 정리하여 완성한다.

❀ 프렌치트위스트 스타일(French Twist style)

한쪽 방향으로 빗질을 하여 머리 묶는 것과 같이 오른손으로 잡는다.

한 번에 힘 있게 엄지손가락으로 틀어서 고정시킨다.

나머지 머리를 계속 꼬아서 올려준다.

남은 머리다발은 머리카락 안으로 넣어주거나 얹어서 정리해준다.

스프레이로 고정하여 완성한다.

3 헤어 액세서리

항공사유니폼 특정상 헤어 액세서리를 사용한다면 규정에 따라야 한다.
국내 K항공사의 헤어 액세서리 기준을 예로 살펴보면 다음과 같다.

- 헤어밴드나 헤어핀의 색상은 회사 지급품인 청자색과 베이지 중 선택한다.
- 헤어밴드나 헤어핀이 헤어스타일링 제품에 의해 변색 혹은 탈색된 경우에는 즉시 교체한다.

종 류	착용기준	비 고
헤어 밴드	· 착용대상 : 짧은 머리형 · 착용방법 - 리본을 가르마와 대칭방향으로 착용한다. - 가르마가 없는 경우는 스카프와 대칭방향인 오른쪽으로 착용한다. - 단발 스타일은 가급적 착용해야 한다. - 커트 스타일은 본인 의사에 의해 착용한다.	회사 지급품
헤어핀	· 착용대상 : 긴 머리형 · 착용방법 - 후면에서 볼 때 원형고리 부분이 왼쪽에 가도록 착용한다.	
망	· 착용대상 : 긴 머리형 · 착용방법 - 미세망의 경우, 먼저 머리를 묶고 망으로 머리를 감싸 고정한 후 헤어핀을 꽂는다. - 헤어핀에 부착하여 사용하는 경우, 머리를 묶어 고정시킨 위치에서 헤어핀을 먼저 꽂은 후 망으로 감싼다.	본인 구매품
보조핀	· 착용대상 : 긴 머리형 · 착용방법 - 잔머리 부위를 헤어 스타일링 제품으로 정리 후 꽂는다.	
고정용 핀	· 착용대상 : 짧은 머리형 중 단발 스타일에 한해 허용한다. · 착용방법 - 일정방향으로 가르마를 한 상태에서 고정하여 착용한다. - 고정용 핀은 지정 구매품에 한하여 착용한다.	

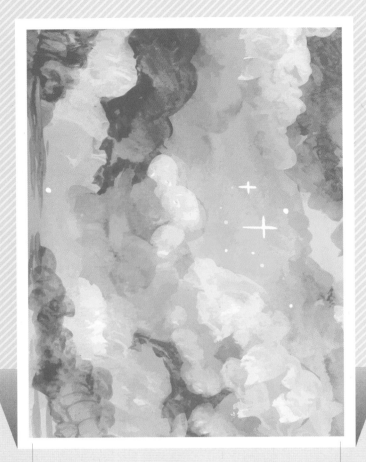

Chapter 06

항공사 유니폼 및 복장

학습목표

항공사 용모복장 규정을 알고
다양한 항공사 유니폼에 대해 알 수 있다.

항공사의 유니폼이 고객의 브랜드 인지도와 항공사 애호도에 긍정적으로 영향을 미치는 연구결과들이 있다. 유니폼의 이미지는 항공사 직원의 외적 이미지 중 중요한 요인이며 오히려 직원의 외모보다 항공사 유니폼이 더 영향을 미치기도 한다. 국내외 항공사의 유니폼에 대해 알아보면 다음과 같다.

1. 항공사별 유니폼

1 **대한항공**(Korean air)

대한항공은 한국 제일의 대형 항공사로 1969년 창립 이후 다양하고 아름다운 유니폼을 선보였다. 현재의 유니폼은 2005년 '세계 최고 수준의 디자인과 서비스 제공'을 모토로 이탈리아 3대 디자이너 중 한 사람인 지안프랑코 페레가 디자인하였다.

한국의 우아한 미에 세련미를 더해 '유니폼 패션의 새로운 혁신', '명품 유니폼'이

라는 극찬을 받았다.

스커트뿐 아니라 국내 최초로 바지 정장을 도입했으며, 청자색과 베이지를 기본 색상으로 해 우아하면서 밝고 부드러운 느낌을 준다. 청명한 가을 하늘, 한복과 청자에서 착안한 청자색은 재킷뿐 아니라 비녀를 연상시키는 헤어 액세서리와 비상하는 느낌의 스카프 등 소품에까지 활용됐다.

편안함과 실용성을 위해 고탄성 모직, 면직 등의 천연소재와 최첨단 소재를 적용했으며 셔츠에는 포플린, 트렌치코트에는 개버딘, 셔츠 깃에는 피케, 스카프에는 오간자 실크를 채택했다.

전체적인 구성은 재킷, 블라우스, 스커트 또는 팬츠의 포멀한 정장 스타일로 장식이 배제되고 심플하고 간결한 실루엣이며, 전체적인 이미지로 모던 이미지를 내세우고 있으나, 다소 직선적이고 차가운 이미지로 표현될 수 있는 부분을 헤어 액세서리와 유니폼 치마, 재킷 소매의 곡선적인 이미지를 통해 여성스럽고 우아한 느낌을 연출한다.

대한항공 유니폼은 유니폼 분야의 새 지평을 열었다는 평가를 받을 정도로 국내뿐 아니라 해외에서도 많은 관심을 받고 있으며, 전 세계 승무원들 사이에서도 '입고 싶은 유니폼'으로 큰 인기를 누리고 있다.

② 아시아나항공(Asiana airlines)

아시아나항공의 유니폼은 디자이너 진태옥 씨가 2003년 디자인한 것으로 1988년 출범 후 현재까지 약간의 디자인과 소재만 몇 차례 바뀌었을 뿐 기본적인 색감과 의미는 출범할 당시 그대로 유지하고 있다. 한국 전통의 색동 무늬를 활용하여 한국적인 아름다움과 고급스러움을 표현하고 인체의 아름다운 실루엣을 돋보이도록 초점을 맞추어 디자인되었다. 또한 울과 울니트 소재를 사용하여 실용적인 면도 고려하였다.

전체적인 구성은 재킷, 블라우스, 스커트와 바지의 포멀한 정장 스타일로 도시적이고 현대적인 이미지를 강조한 단정하고 심플한 디자인으로 바디 실루엣을 잘 살리고 있다. 또한 모자를 착용하여 더욱 세련된 이미지를 보여주고 있다. 웜 그레이에 브라운 컬러의 저채도 색으로 구성되어 있어 누구에게나 무난하게 어울리며 유행에 영향을 받지 않는 컬러를 사용하였고, 재킷 안에 입는 상의의 목깃과 스카프, 소매 등에 전통적인 색동 문양를 반영하여 고급스럽고 전통적인 느낌의 클래식 이미지를 주고 있다. 스카프에 프린트된 적색은 정성을 다하는 서비스, 황색은 발랄함과 산뜻함으로 참신한 서비스, 청색은 안전과 함께 정시성을 약속하는 의미이다. 이러한 요소는 유행에 영향을 받지 않고 오랫동안 착용할 수 있는 이유가 되기도 한다.

결과적으로 아시아나 유니폼의 경우 모던과 클래식, 2가지의 이미지를 복합적으로 나타내고 있다.

③ 제주항공(Jejuair)

제주항공의 유니폼은 2006년 티셔츠 형태의 유니폼을 채택한 이후 2007년에 베이지를 기본으로 한 단아한 정장 형태의 현재 유니폼으로 변경했으며, 이후에는 부분적으로 스카프 디자인을 변경해 왔다. 제주를 상징하는 한라봉과 감귤을 연상시키는 주황색을 포인트로 이와 대비

되는 밝은 아이보리 톤은 밝고 화사한 이미지를 주고 있다. 감귤과 한라봉에서 색상을 차용하여 제주의 이미지에 초점을 두어 자연의 색상을 느낄 수 있으며 또한 오렌지 컬러의 따스한 느낌과 자연이 가지는 소박함이 있고, 과한 실루엣으로 표현되지 않아 내추럴한 이미지를 느낄 수 있다.

제주항공 유니폼의 포인트는 스카프로 아이보리의 정장과 대비되는 요소로 활용하였고 스카프는 여러 디자인으로 다양하게 연출 가능하지만 기본 매듭법은 타 항공사와는 다른 꽃모양의 프릴스타일이 제주항공 유니폼의 특징이다. 이러한 매듭법은 여성적이며 발랄하고 로맨틱한 이미지를 보여주고 있다.

2017년에는 조종사와 객실 승무원의 넥타이와 스카프 등 새로운 유니폼 액세서리 디자인을 변경하였고 변경의 핵심은 돌과 섬, 파도(바람) 등의 새로운 BI(Brand Identity)를 바탕으로, 빛의 파장과 반복되는 직선을 통해 세계로 뻗어나가는 제주항공의

성장을 담아냈다. 유니폼은 재킷, 블라우스, 스커트, 팬츠, 스카프로 구성되었다.

제주항공의 용모복장 규정은 기존의 다른 항공사와는 다르게 안경 착용, 네일아트(손톱 장식), 자유로운 헤어스타일, 기내화(굽 3cm)의 외부착용 가능 등 승무원들의 건강과 개성을 고려하였다. 회사에서 지급되는 구두 중 기내 밖에서는 램프화(굽 5~7cm)를 신어야 하는 것을 완화한 것이다.

④ 진에어(Jinair)

진에어의 유니폼은 기존 항공사의 유니폼 형식에서 벗어나 국내 항공사 중 유일하게 청을 소재로 유니폼을 디자인하였다. 2008년 설립 초기에는 청바지, 면티, 모자의 캐주얼한 모습의 유니폼을 선보여 저비용 항공사

특유의 실용성과 젊고 밝은 이미지를 강조하였다. 하지만 실용적이고 효율적인면이 떨어져 2018년에 직원들의 의견과 디자인 평가를 통해 변경되었고 새로운 유니폼은 이주영 디자이너가 디자인하였다. 다양한 형태의 직선과 대각선이 조화를 이루는 한국 전통 공예 미술인 '조각보'에서 영감을 얻어 현대적으로 재해석한 것이 특징으로, 기존 청바지에서 검정색 데님소재의 바지로 변경되었고 면과 비슷하나 통기성이 좋고 탄성 회복력이 좋은 모달섬유를 혼방한 데님 원단을 적용하였다. 각 직군별 업무의 특성을 고려하여 유니폼이 변경되었고 객실 승무원도 상의는 팔을 뻗는 동작이 많고 장시간 서서 근무하는 업무 특성상 셔츠로 변경되어 연두색 또는 상아색 셔츠를 선택한다. 블랙데님팬츠와 블랙데님스커트도 선택가능하며 스카프와 같은 색상의 타이를 착용한다. 남성 승무원은 검정 셔츠에 검정 재킷을 착용한다. 이러한 유니폼은 실용성을 중시하고 있고, 일상에서 누구나 편하게 입을 수 있는 스타일의 유니폼이라는 점과 활동적이고 스포티한 디자인으로 캐주얼의 이미지가 두드러지게 나타난다. 또한 액세서리로 기존의 모자를 쓰던 스타일에서 나비문양의 머리핀으로 변경하고 같은 나비문양의 배지를 착용하게 하였으며, 화이트와 그린 컬러의 사용으로 편안하고 자연스러운 이미지로 내추럴 이미지를 포함하고 있다.

5 티웨이항공(Twayair)

티웨이항공의 CI(Cooperate Identity) 컬러는 경쾌하고 즐거운 축제를 떠올리게 하는 카니발레드(Carnival red)와 영국 전성기를 상징하는 퀸앤그린(Queen anne green) 컬러이다. 이는 티웨이 정신을 바탕으로 항공 업계의 새로운 미래를 창조해나가겠다는 다짐을 의미한다. 유니폼도 이러한 컬러를 바탕으로 2014년 승무원의 유니폼을 전체적으로 변경하였다. 기획단계부터, 각 현장 부서 직원들의 의견을 수렴해 실용성과 편의성을 중시하는 디자인으로 구성하였고 기본 색상인 레드를 강조하면서 젊고 생동감 있는 이미지와 모던함을 강조했다. 전체적인 구성으로 재킷, 블라우스, 스커트, 팬츠, 원피스가 있어 쓰리피스로의 연출과 투피스로의 연출 등 총 6가지의 스타일로 승무원이 개인의 개성을 표현할 수 있다. 심플하고 간결한 라인에 허리라인을 강조하고 모든 유니폼 구성에 스카프를 착용하여 모던한 이미지를 표현하고 있다. 유니폼 컬러는 화이트 컬러와 오렌지레드 컬러를 중심으로 비비드한 색감을 이루고 있고, 기본색을 바탕으로 초록색을 보조색으로 사용하여 대비되는 색상의 포인트를 주고 있으며 스카프에 스트라이프 문양을 사용해 경쾌한 리듬감도 주었다. 티웨이항공 유니폼은 활발한 이미지와 밝고 선명한 컬러를 이용하여 개인의 개성을 존중하고, 다양한 스타일의 유니폼이 특징이다.

6 에미레이트항공(Emirates)

에미레이트항공사의 유니폼은 포인트로 강렬한 레드를 사용하고 있으며, 태양을 상징하는 레드 컬러의 모자와 사막의 모래를 상징하는 베이지 색상으로 유니폼의 전반적인 색깔을 구성하고 있으며, 사막에 부는 바람을 나타내는 아이보리

컬러의 스카프를 사용하여 중동의 이미지를 표현하였다.

중동지역의 고전적인 의상을 반영하여 시대를 초월하는 가치 및 보편성의 특징을 반영하고 있으며, 유행에 영향을 받지 않고 종교적인 특성상 다소 보수적인 디자인으로서 클래식한 이미지를 가지고 있다.

또한, 기본적으로 베이지 색상으로 통일하고 있으며 레드 컬러를 사용하여 모자와 스커트 트림에 색상대비를 주고 있다. 현대적이고 근대적이며, 세련된 이미지를 보여준다. 재킷을 벗을 경우 천연소재인 면으로 제작된 셔츠와 니트로 제작된 카디건으로 따뜻한 소재를 이용하고 바람을 표현하는 스카프를 자연스럽게 흘러내리도록 연출하여 자연미를 강조하고 있다.

7 카타르항공(Quatarairways)

카타르항공사 유니폼은 전체적으로 버건디 색상이 선명한 컬러를 사용한다. 모자, 치마, 바지, 재킷, 다이닝재킷, 블라우스로 구성되어 치마와 바지의 선택이 가능하며 블라우스는 면으로 부드럽고 따뜻한 소재를 이용하였다. 전반적으로 상하의 색상과 모자, 헤어밴드도 동일한 색상으로 대비감이 없이 통일되어 있고 필요시 착용하는 버건디 컬러의 벨트는 엘레강스한 이미지를 연출한다.

8 싱가포르항공(Singapore airlines)

싱가포르항공사의 유니폼 '사롱 케바야'는 유명한
디자이너 피에르 발망의 디자인으로 동남아 지역의
바틱샤롱(Batik sarong : 동남아 고유문양이 새겨진 전통의상) 여
성 전통의상에서 영감을 받아 디자인되었다. 1968년
첫선을 보였으며 세부 디자인이나 문양은 세련되게 변
경되었지만 전체적인 디자인과 직급에 따른 컬러의 구
분(블루, 그린, 레드, 퍼플)은 지금까지 변함없다. 긴 형태의
치마와 주름이 잡힌 앞트임이 있어 타이트하고 여성스러운 실루엣이며, 웨이스트라
인을 강조하여 승무원의 아름다움을 부각시키고 있다.

9 케세이퍼시픽(Cathay Pacific)

케세이퍼시픽항공의 유니폼은 홍콩의
디자이너 에디 로(Eddie Lau)에 의해 디자인
되었고, 홍콩의 활기찬 느낌과 전통 컬러
를 다양하게 사용하였다. 현대적이고 실
용적인 디자인을 강조하는 것이 특징이다.
레드 컬러와 브러시윙 로고, 스탠딩 칼라
와 커프스 또한 재킷과 블라우스의 길이

를 짧게 변경하고 치마의 길이는 길게 하면서 세련된 이미지를 강조하였다. 또한 신축성 있는 소재를 사용하여 직원들이 편안하게 착용함으로써 활동성을 높였다. 검정색과 빨간색을 통하여 심플하고 간결한 스타일로 표현하였다.

10 알이탈리아(Alitalia)

알이탈리아는 1946년 이탈리아 국영 항공사로 출발했으나 2000년대 경영난과 그에 따른 정부의 민영화 방침으로 오랜 기간 경영상 어려움을 겪어왔다. 그러나 2014년 아랍에미리트(UAE)의 에티하드항공 지분 49% 인수로 2015년부터 운항을 본격적으로 재개하면서 2016년 새로운 도약을 기념하는 의미로 항공사 유니폼을 개편했다. 알이탈리아항공을 상징하는 그린과 레드의 강렬한 조화가 돋보이며 이탈리아 오트 꾸뛰르 디자이너 에토레 빌로타가 디자인한 것으로 패션의 황금기였던 1950~60년대 스타일을 모티브로 유니폼에 이탈리아의 문화유산과 민족의 정체성을 담았다. 유니폼의 원단은 현지에서 생산된 투스카나산 원단과 코모산 실크를 사용하였으며 모자는 해안절벽마을 친퀘테레의 테라스를 닮았으며 유니폼에 이탈리아의 지형을 상징하는 산형태의 세브런 프린트를 적용하였다. 버건디와 레드, 우드그린과 그레이 등의 컬러를 다양하게 사용하여 남성과 여성, 객실과 지상직을 구분하였고, 여성승무원은 원피스, 재킷과 스커트, 바지 등 3가지 옵션을 제공해 스타일과 기능을 동시에 고려하였다.

11 델타항공(Delta)

뉴욕패션 디자이너 잭포슨과 협업
해 혁신적 텍스타일 기술을 적용해
움직임이 많은 기내에서도 흐트러짐
없이 기능을 유지할 수 있는 유니폼
을 만들어냈다. 오랫동안 유지된 델
타항공의 상징적 디자인을 재해석한
유니폼은 현대적 라인과 대담한 컬러
가 돋보인다. 특히, 미국의 자주색 여

권에서 모티브를 얻은 패스포트 플럼(Passport Plum)과 항공기를 상징하는 크루징 카
디널(Crusing Cardinal), 마천루 컬러를 형상화한 스카이라인 슬레이트(Skyline Slate) 등 위
트 넘치는 이름을 사용하여 델타항공만을 위한 컬러로 활용하였다.

12 에어프랑스(Airfrance)

에어프랑스는 2005년 17년 만에 네이
비블루를 기본 컬러로 하는 유니폼을 선보
였다.

이 유니폼은 프랑스 패션업계의 거장인
크리스찬 라크르와가 2002년 12월부터 2
년 반에 거친 긴 작업 끝에 탄생했다. 네
이비블루를 기본 컬러로 하는 100여 점의
아이템과 소품으로 이루어져 있으며 서로
다른 17개 직종에서 일하는 직원들의 개성
을 최대한 살리면서 고전적인 우아함과 기
능적인 실용성을 잘 조화시켰다. 프렌치 스

타일의 우아함과 회사가 추구하는 대고객 서비스 정신이 조화를 이룬 작품으로 평
가를 받고 있다.

13 기타

핀란드 국적기 핀에어의 승무원 유니폼은 전통 스타일을 고수한다. 승무원들은 핀란드 국기와 유사한 하얀색 줄무늬가 들어간 남색 셔츠와 모자를 착용한다.

베트남 에어라인은 1998년부터 베트남 전통복인 아오자이를 유니폼으로 적용했다. 특히 2015년에는 새로운 브랜드와 함께 기존의 빨간색 외에도 청록색, 노란색, 파란색의 아오자이 유니폼을 선보였다. 타이항공은 자사의 슬로건 '실크처럼 부드럽게'를 효과적으로 표현하기 위해 전통적인 보라색 실크 드레스를 유니폼으로 채택했다.

이 외 항공사의 유니폼을 살펴보면 다음과 같다.

⬢ 중국 에어차이나(Airchina)

⬢ 독일 루프트한자(Lufthansa)

🔺 영국 브리티시 에어웨이즈(British Airway)

🔺 호주 콴타스항공(Quantas)

🔺 영국 이지젯(EasyJet)   🔺 포르투갈 TAP 항공

🔺 러시아 아에로플롯(Aeroflot)

🔺 콜롬비아 아비앙카(Avianca)

🔺 아랍에미리트의 에티하드 에어웨이(Etihad airways)

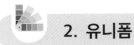

2. 유니폼

1 기본

객실 승무원의 용모복장은 항공사의 이미지를 나타내는 중요한 요소이기 때문에 다음과 같은 기본원칙과 규정이 필요하다. 각 항공사별로 유니폼에 대한 규정과 헤어 연출, 메이크업, 장신구 착용 규정은 다소 차이가 있다. 기본적인 것을 기준으로 정리하면 다음과 같다.

- 승무원의 제복은 소속 항공사에서 지급한 것이어야 하고, 그 형태나 규격을 임의로 변경해서는 안 된다.
- 승무원의 제복은 매매, 교환, 기부 또는 제삼자에게 양도할 수 없도록 규정하고 있다.
- 근무 목적이나 근무를 위한 연속적인 시점에 있는 경우를 제외하고는 근무 시간 및 근무 지역 이외에서의 착용이 금지되어 있다.
- 제복은 항상 완전한 상태로 착용해야 하며 청결하고, 단정하게 유지해야 한다.
- 제복 착용 시 규정된 부착물(명찰, 윙, 견장, 기타 항공사에서 지정한 부착물) 외에 일체의 개인적인 부착물을 패용하거나 착용해서는 안 된다.
- 항공사에 따라 비행 근무 전 최상위 직급 여승무원이 근무 규정에 맞는 용모, 복장 등을 관리·지도하고 있다.

2 유니폼 착용법

- 항상 청결히 유지하고 잘 다려져 있어야 한다.
- 몸에 잘 맞는 사이즈를 선택하여 항상 단정한 모습으로 보여야 한다.
- 유니폼의 단추가 떨어져 있지는 않은지 확인한다.
- 스커트의 길이나 폭이 업무에 불편함이 없도록 하고 스커트의 바느질이 터진 곳이 없는지 살핀다.
- 이름표와 윙(Wing) 등의 부착물은 정위치에 바로 부착한다.

- 스타킹은 지정된 색상으로 착용하고 올이 나가지 않도록 주의한다.
- 구두는 항상 광택이 나도록 잘 닦여 있어야 한다.
- 자신의 발 사이즈에 맞는 구두를 선택하여 구두를 끌지 않도록 조심한다.
- 앞치마(Apron) 또한 다림질이 잘되어 있어야 하며, 보관 시에도 잘 접어서 구김이 생기지 않도록 관리한다.

✿ 국내 K항공사 스카프 착용법

항공 관련 전공 대학별 유니폼을 보면 국내 K항공사의 스카프와 유사한 경우가 있다. 스카프 착용법을 알아보면 다음과 같다.

브랜드레이블이 꼭짓점이 되도록 삼각형으로 접는다. 이 상태에서 4/5 위치에 꼭짓점이 가도록 한 번 접는다. 이렇게 두 번 접은 후에 적당한 두께로 돌돌 말아준다.

잘 말아 접은 스카프를 양쪽에 똑같은 길이가 되도록 하여 양손에 잡는다.

왼쪽 스카프를 위로 가도록 교차하면서 아래에서 빼준다.

깨끗한 매듭이 될 수 있도록 손으로 정리한 후 위쪽 스카프로 아래쪽 스카프를 살짝 감아 뺀다.

이때 사각매듭 모양의 크기가 적당한지 확인한 후 매듭이 자신의 왼쪽으로 오도록 살짝 돌린 후 블라우스 깃을 덮어 정리한다.

완성

③ 유니폼 착용 시 액세서리(Accessories)

(1) 시계

- 반드시 착용하되, 화려한 색상이나 지나치게 큰 사이즈가 아닌 단순한 디자인의 정장용에 한한다.
- 시곗줄은 골드, 실버, 스테인리스 스틸이나 블랙, 브라운, 네이비블루 색상의 가죽 또는 고무밴드에 한한다.
- 주니어용 캐릭터 시계의 착용을 금한다.
  ※ 최근 스마트워치까지 허용하는 항공사도 있다.

(2) 반지

- 단순한 디자인으로 1개까지 허용한다.
- 폭 10mm 이내의 금, 백금, 은 소재에 한한다.
- 걸리기 쉬운 돌출 형태는 금한다.

(3) 목걸이   제복 착용 시 외부에 비치거나 드러나지 않도록 한다.

(4) 귀걸이

- 단순한 디자인의 부착형(폭 5mm 이내) 1쌍에 한하여 허용한다.
- 유색의 보석류나 흔들거리는 디자인은 금하며, 한쪽 귀에 1개씩만 착용해야 한다.

(5) 팔찌   팔찌 착용은 금한다.

(6) 넥타이 핀   지급품에 한하여 착용하며, 넥타이를 맨 상태에서 위에서 2/3 위치에 꽂는다.

(7) 벨트

- 지급품에 한하여 착용한다.
- 버클(buckle)의 도금을 포함하여 상태가 양호하지 못할 경우 즉시 교체한다.

(8) 기타 피어싱이나 문신 등 승무원의 이미지와 어울리지 않거나 위에서 제시한 이 외의 장신구는 착용을 금한다.

❀ 용모복장 체크리스트 - 남자

유니폼

	Yes	No
★ 유니폼(특히 셔츠의 목과 소매 부분)은 청결히 세탁된 상태인가?		
★ 유니폼(특히 셔츠, 바지 등)은 구김 없이 다림질이 되었는가?		
★ 재킷의 단추는 싱글 정장일 경우 아랫단추는 채우지 않고, 더블 정장일 경우 모두 채워져 있는가?		
★ 재킷 또는 바지 주머니가 불룩하지 않은가?		
★ 셔츠의 모든 단추는 채워져 있는가?		
★ 셔츠의 소매는 접혀 있지 않은가?		
★ 셔츠는 소매가 재킷 밖으로 1~1.5cm 정도 나와 보이는가?		
★ 바지 길이는 바짓단의 끝이 구두와 구두 굽의 경계선까지 닿을 정도인가?		
★ 불요한 물품(핸드폰, 열쇠고리)이 유니폼에 착용되지 않았는가?		
합계		

부착물

	Yes	No
★ 명찰은 왼쪽 가슴에 항시 패용되어 있는가?		
★ ID 스트랩 색상은 유니폼과 조화를 이루고 있는가?(스틸 목걸이형 또는 단색 줄형으로 타 업체의 로고가 인쇄되어 있지 않은 것)		
★ 명찰과 ID 이외의 불요한 부착물을 착용하고 있지 않은가?		
합계		

헤어

	Yes	No
★ 청결한 상태이며 젤, 무스, 헤어 스프레이로 정리가 되었는가?		
★ 유니폼에 비듬이 떨어져 있지 않은가?		
★ 지나친 염색 또는 부분 염색이 되어 있지 않은가?		
★ 머리가 눈썹, 귀, 셔츠에 닿지 않는 짧은 길이인가?		
합계		

기타

	Yes	No
★ 시계, 반지 1개, 넥타이핀, 벨트 이외의 불요한 액세서리를 착용하고 있는 가?(목걸이, 팔찌 등 이외 액세서리 금지)		
★ 넥타이는 오염되거나 얼룩이 묻지 않았는가?		
★ 넥타이 길이는 넥타이의 가장 넓은 부분이 벨트 버클을 가릴 정도의 길이 인가?		
★ 손톱 길이는 짧게 정리되어 있는가?(1mm 이내)		
★ 면도가 되어 있는가?		
★ 코털 정리가 되어 있는가?		
★ 향수를 적절히 사용하였는가?		
★ 구두는 잘 닦인 상태인가?		
합계		

❀ 용모복장 체크리스트 – 여자

유니폼

	Yes	No
★ 유니폼은 청결히 세탁된 상태인가?		
★ 유니폼은 구김 없이 다림질이 되었는가?		
★ 재킷 단추는 모두 채워져 있는가?		
★ 재킷 주머니는 불룩하지 않으며 잠겨 있는가?		
★ (소매 커프스가 있다면) 정해진 단만큼 접혔는가?		
★ 블라우스 착용 시 속옷이 블라우스와 동일 색상인가?		
★ 스커트는 사이즈가 적합하며 무릎 길이인가?		
★ 스커트/바지 착용 시 언더웨어 라인이 겉으로 드러나지 않는가?		
★ 바지를 착용할 경우 바짓단이 복숭아뼈를 덮을 정도이며 구두 뒷굽을 덮지 않는 길이인가?		
★ 스카프는 다림질이 되어 있으며 오염되지 않았는가?		
★ 스카프 착용 시 매듭이 잘되어 있는가?		
합계		

부착물

	Yes	No
★ 명찰은 왼쪽 가슴에 항시 패용되어 있는가?		
★ ID 스트랩의 색상은 유니폼과 조화를 이루고 있는가?(스틸 목걸이형 또는 단색 줄형으로 타 업체의 로고가 인쇄되어 있지 않은 것)		
★ 명찰과 ID 이외의 불요한 부착물을 착용하고 있지 않은가?		
★ 볼펜 등이 유니폼에 지저분하게 꽂혀 있지 않은가?		
합계		

헤어

	Yes	No
★ 청결한 상태이며 유니폼에 비듬, 머리카락이 떨어져 있지 않은가?		
★ 지나친 염색 또는 부분 염색이 되어 있지 않은가?		
★ 짧은 머리의 경우 헤어밴드를 착용하고 있는가?(가급적 착용 원칙)		
★ 짧은 머리의 경우 머리가 어깨에 닿지 않도록 유지되어 있는가?		
★ 앞머리가 눈을 가리지 않는 길이로 유지되어 있는가?		
★ 업스타일의 경우 미세망으로 머리가 감싸져 있고 미세망 바로 윗부분에 지급된 헤어 핀이 착용되어 있는가?		
★ 미세망으로 처리된 부분은 U자 핀 등으로 뒷머리 중앙에 단단히 고정되어 있는가?		
합계		

기타

	Yes	No
★ 긴 머리의 경우 잔머리가 없이 무스, 보조핀으로 잘 고정되어 있는가?		
★ 지급품 이외의 보조핀은 검정 단색인가?		
★ 보조핀은 2개 이하인가?		
★ 헤어 액세서리는 오염되지 않았는가?		
★ 시계, 반지 1개, 귀걸이 이외의 불요한 액세서리를 착용하고 있는가?		
★ 시계는 단순한 디자인의 정장용 시계인가?		
★ 귀걸이는 폭 5mm 이내의 고정형인가?(유색류나 흔들거리는 형 금지)		
★ 반지는 돌출형이 아닌 단순한 스타일인가?		

★ 손톱 길이는 짧게 정리되어 있는가?(1mm 이내)

★ 매니큐어는 자연스러운 색상(핑크빛 계열)의 단색인가?(2mm 이내)

★ 스타킹은 회사 지급품으로 검정색 단색이며 두께가 적합한가?

★ 구두는 잘 닦인 상태인가?

★ 향수를 적절히 사용하였는가?

합계

 쉬어가기 - 항공사 직원들은 이런 것 싫어해요!

항공사 직원들의 용모복장에 대한 설문 결과이다.

구분	남	여
용모	• 젤, 무스 안 바르고 부스스한 머리 • 술에 찌든 냄새가 몸에서 날 때 • 더러운 냄새(반찬, 커피, 담배) • 삐져나온 코털 • 떡진 머리 • 뒷머리에 까치집 • 손톱이 너무 길 때 • 수염이 너무 길 때 • 여름에 땀냄새가 너무 많이 나는 경우 • 로션을 바르지 않아 하얗게 각질이 일어난 경우 • 무스를 너무 많이 발라 아톰 머리처럼 보일 때	• 화장기 없는 노 메이크업(No make-up) • 헝클어진 머리 • 화장 안 하고 입술만 진하게 바를 때 • 유니폼에 어울리지 않는 긴 머리 • 화장이 지나치게 진할 때) • 화장이 뜬 경우 • 컬이 심한 파마 머리 • 자연스럽지 않은 염색 머리
복장	• 유니폼 어깨에 내려앉은 하얀 비듬 • 하얀 양말 • 드레스셔츠가 더러울 때 • 다림질이 되지 않아 심하게 구겨진 셔츠 • 너무 짧은 바짓단으로 배바지 입은 남직원 • 벨트 위로 튀어나온 상의 셔츠 • 셔츠 소매를 걷어 입을 때 • 지저분한 구두 • 바지 주머니에 손 넣고 있을 때 • 주머니 안에 너무 많은 소지품을 넣고 있을 때 • 셔츠에 김칫국물 • 벨트를 지나치게 위로 해서 바지가 낄 때 • 색깔 들어간 속옷 • 바지가 광택이 날 정도로 입을 때 • 듣지도 보지도 맡아보지도 못한 짙은 향의 향수를 어디서 구입했는지 뿌렸을 때	• 흐트러진 옷 매무새 • 유니폼이 너무 오래되어서 낡아 보일 때 • 유니폼이 지저분할 때 • 보행 시 신발을 끌 때 • 치마가 너무 짧아 같이 일하는 사람이 불안할 때 • 스타킹이 흘러내린 경우 • 스타킹 올이 나간 경우 • 치마 구겨진 경우 • 안단이 뜯어져서 속이 살짝 비치는 유니폼 • 출렁거리는 귀걸이, 목걸이 • 정장이 아닌 구두 • 향수 냄새가 너무 진할 때 • 소매나 기타 부분에 땟국물이 흐를 때 • 구두가 헐거워서 걸을 때 벗겨지는 경우

3. 항공사 직무별 용모복장

① 객실 승무직

(1) 출퇴근시 용모복장

- 유니폼을 입고 출퇴근하므로 반드시 비행 근무에 준하는 용모복장을 유지해야한다.
- 특히 퇴근 시 장거리 비행으로 용모복장이 흐트러질 수 있기 때문에 다음과 같은 사항은 반드시 체크한다.

- 머리 모양은 단정한가?
- 화장은 수정이 필요한 상태인가?
- 손은 청결한가?
- 유니폼의 매무새는 단정한가?
- 유니폼의 청결 상태는 양호한가?
- 구두의 청결 상태는 양호한가?

(2) 고객 응대 시 용모복장

❶ 웰컴 인사 시 : 고객과의 첫 만남이므로 용모복장을 다시 한번 가다듬어 좋은 이미지를 줄 수 있도록 한다.

❷ 비행 중 서비스 시 :
- 비행 순서에 맞게 앞치마와 유니폼을 착용한다.
- 앞치마는 다림질 상태가 양호해야 하고 고객의 음식 서비스 시 착용하기 때문에 더욱 청결에 주의해야 한다.
- 근무 시 업무로 인한 복장의 얼룩은 깨끗이 처리한다.
- 유니폼의 상의가 밖으로 나오지 않게 항상 주의해야 한다.

③ 레스트(Rest) 후:

- 반드시 머리 모양과 화장은 다시 손질하여 단정함을 유지한다.
- 유니폼은 구겨진 곳이 없는지 확인한다.
- 구강 청정제 또는 양치를 하여 고객 응대 시 불쾌한 냄새가 나지 않도록 주의한다.

④ 페어웰(Farewell) 인사 시 : 고객 서비스의 마무리이므로 고객에게 마지막까지 좋은 이미지를 심어줄 수 있게 용모복장을 단정하게 유지해야 한다.

2 발권·운송

(1) 카운터 근무 시작 시

체크리스트를 사용하여 전체적으로 고객 응대 시 적합한 용모복장인지 다시 한 번 확인한다.

- 머리 모양은 단정한가?
- 메이크업은 유니폼에 어울리는가?
- 유니폼 청결 상태는 깨끗한가?
- 유니폼 착용 시 패용해야 할 부착물은 제 위치에 부착되어 있는가?
- 구두는 깨끗하게 닦여 있는가?

(2) 식사 후

- 식사 후 유니폼이 음식물에 오염되지 않았는지 반드시 체크한다.
- 식사 후에는 반드시 양치질을 하고, 메이크업 수정을 한다.
- 핸드크림을 사용하여 손을 깨끗이 한다.
- 취향에 따라 향수를 사용한다.

(3) 퇴근 시

- 퇴근할 때는 근무가 모두 끝났다는 안도감에 용모복장이 흐트러질 수 있다. 고객이 지켜보는 곳에서는 항상 단정한 용모와 복장을 유지해야 한다.

③ 예약직

(1) 출퇴근 복장

유니폼 미착용과 더불어 대면 서비스를 하지 않기 때문에 자칫 용모복장에 소홀할 수 있다. 용모복장이 흐트러지면 마음가짐도 달라지기 때문에 반드시 근무 전에 자신의 용모복장을 체크한다.

 체형별 멋내기 방법!

키가 작은 스타일

장식이나 액세서리는 작은 것으로 하고 프린트와 무늬도 작은 것으로 한다. 단색이나 재킷이 달린 원피스가 어울리며 키가 작고 뚱뚱한 체형은 부드러운 소재의 어깨선이 없는 니트에 카디건을 걸쳐 여성미를 강조해도 좋다. 반면 키가 작고 마른 체형은 왜소하고 빈약해 보이는 결점을 보완하기 위해 파스텔 톤이나 아이보리로 밝고 환하게 연출한다. 굵은 스트라이프 무늬나 체크무늬처럼 볼륨감 있는 무늬가 있는 옷을 입으며 구두는 굽이 높은 것이 결점을 보완하겠지만, 굽이 낮은 단화나 운동화를 신을 때는 모자를 함께 코디하면 키가 훨씬 더 커 보인다.

키가 큰 스타일

연하고 부드러운 색상으로 넓은 벨트를 착용하면 분할의 효과가 있다. 상의의 길이를 길게 입고 너무 작은 액세서리는 피한다. 키가 크고 마른 체형은 자칫 허약해 보일 수 있기 때문에 이런 스타일은 여성스러움보다는 매니시(mannish)한 스타일을 연출해보자. 밝은 톤의 화려한 색상, 가죽이나 스웨이드 같은 뻣뻣한 소재를 택하고 이런 체형의 경우 대부분 목이 길기 때문에 스카프로 멋스럽게 연출해도 좋다. 밝은 파스텔 계열의 색상, 그리고 대담하고 큰 무늬가 있는 옷을 선택하고 소재는 볼륨감을 줄 수 있는 약간 두꺼운 천을 고른다. 유행과 관계없이 화려한 재킷으로 어깨선이 왜소해 보이는 것을 커버해보는 것도 방법이다. 가방도 크고 길게 늘어지는 스타일이 잘 어울린다.

키가 크고 뚱뚱한 체형은 차가운 계열의 어두운 색으로 된 V 네크라인의 이너웨어와 싱글 버튼으로 된 재킷, 그리고 체형을 보완해주는 줄무늬 팬츠로 도시적인 세련미를 연출할 수 있다. 다리에 자신이 있다면 미니 스커트도 어울린다.

뚱뚱한 체형

일반적으로 체형이 잘 드러나지 않는 박스 스타일의 옷은 피하자. 허리선이 어느 정도 들어간 옷을 입되 자신의 몸매가 노골적으로 드러나는 옷만 삼가자. 큰 무늬는 피하고, 겉옷은 짙은 톤으로 입되 원색 계열로 포인트를 주는 것이 좋다. 옷을 겹쳐 입는 레이어드 룩도 좋은 아이템이다.

하체가 굵은 체형

어깨패드를 이용해 상체를 강조한다. 상의를 여러 겹으로 겹쳐 입으며 벨트는 너비가 좁은 것으로 착용한다. 주름 스커트나 인어 라인 스커트는 피하는 것이 좋다. 바지는 주머니가 없는 것으로 한다. 상의와 하의는 다르게 연출하고, 상체에 포인트를 준다. 상체에는 모직 소재의 재킷을, 하체에는 랩 스커트나 A라인 스커트를 입어 하체의 볼륨감을 커버한다. 구두는 심플한 것을 선택하고, 귀걸이나 모자, 스카프를 활용하여 시선이 상체로 가도록 한다.

상체 비만형

어깨패드는 가능한 한 하지 않는다. 니트 등 볼륨감 없이 자연스럽게 내려오는 소재에 V 네크라인, 흰색 톤의 하의를 입어보자. 상의의 지나친 장식은 피한다. 넓은 벨트나 짧은 상의는 금물이다. 상의와 하의의 색상과 소재를 다르게 연출한다. 검정이나 어두운 톤의 상의를 선택하며 화려한 신발을 신어 시선이 아래로 향하게 하는 것도 방법이다.

아랫배가 나온 체형

상의는 여유 있고 풍성한 스타일의 밝은 색상, 하의는 탄력 있는 소재로 가볍게 입되 짙고 어두운 색상을 선택한다. 재킷은 엉덩이를 덮는 길이로 입는 것이 좋다.

하이웨이스트 스커트에 블라우스를 블라우징 기법(블라우스를 스커트 안으로 넣어 입을 때 블라우스를 조금 여유 있게 내어 입는 스타일)을 사용해 자신의 실루엣의 결점을 보완하자. H라인이나 A라인의 원피스도 좋은 아이템이다.

목이 짧은 체형

셔츠를 입을 땐 첫 번째 단추를 풀거나 첫 번째 단추의 위치가 아래에 있는 디자인을 선택한다. 깊게 파인 네크라인이 어울리며 목걸이는 길게 하며, 스카프는 피하자. 헤어스타일을 업스타일이나 뒤로 깔끔하게 묶는 것도 방법이다.

목이 긴 체형

목이 긴 사람은 하이 네크라인이 어울린다. 셔츠 깃을 세우고 스카프도 풍성하게 그리고 셔츠를 입을 때도 레이어드로 겹쳐 입는다. 큰 귀걸이가 어울리며, 단, 긴 목걸이는 긴 목을 강조하므로 삼가자. 굵은 웨이브가 들어간 긴 머리를 하게 되면 우아해 보인다.

어깨가 좁은 체형

어깨의 볼륨감을 살리는 것이 중요하다. 좁은 어깨에 볼륨감을 주기 위해 셔츠만 입는 것은 피하고 어깨 선이 살아 있는 재킷을 입는 것이 좋다. 하의도 풍성하지 않게 하는 것이 어깨를 살리는 방법이다. 그리고 귀걸이를 큰 것으로 하는 것도 어깨의 부피감을 줄 수 있다.

어깨가 넓은 체형

네크라인이 많이 파인 이너웨어에 어깨 패드가 없는 니트를 입으면 결점을 보완할 수 있다. 다만, 재킷을 입어야 할 때는 어깨 부분의 패드를 빼거나 어깨선을 자연스럽게 표현해주는 레글런(Reglan, 어깨를 따로 달지 않고 깃에서 소매로 바로 이어지는 디자인) 스타일의 옷을 선택한다. 셔츠나 코트의 카라는 크면 클수록 넓은 어깨를 잘 커버해준다.

얼굴이 큰 경우

얼굴이 큰 경우 헤어스타일이나 메이크업으로 커버하는 것이 가장 좋다. 뒤로 깔끔하게 묶는 포니테일이나 짧은 머리일 경우 헤어제품으로 머리카락 부피를 적게 한다. 셰이딩을 넣어 얼굴에 음영을 주어도 좋다. 안경 렌즈나 귀걸이도 작은 것을 착용한다. 터틀 네크라인이나 화려한 스카프, 숄 등은 얼굴이 크게 보이므로 삼가자.

팔이 굵은 체형

팔에 달라붙는 스타일은 피하고. 소매 통이 약간 넓으면서 팔꿈치 위 또는 칠부 소매의 반팔 옷이 팔이 가늘어 보인다. 끈 달린 원피스의 경우 얇은 끈이 어깨 쪽으로 약간 내려온 디자인도 팔이 가늘어 보인다.

상체가 길고 다리가 짧은 체형

이런 체형은 바지의 선택이 중요하다. 하이웨이스트 라인의 바지와 벨트는 허리가 긴 것을 보완하고 안정감을 준다. 또한 재킷을 입을 때는 엉덩이를 가려주는 길이를 선택하는 것이 좋다.

허벅지가 굵은 체형

짙은 톤의 일자로 여유 있게 떨어지는 세미 타이트 팬츠나 A라인 스커트를 입는다. 단 스커트 길이는 무릎 길이 정도가 좋고 상의도 단정하고 깔끔한 스타일을 한다.

종아리가 굵은 체형

상대적으로 종아리가 날씬해 보이는 주름이 잡힌 폭이 넓은 스커트를 선택한다. 종아리가 굵은 경우 구두의 선택을 잘해야 한다. 발등이 많이 파인 심플한 스타일에 구두와 스타킹, 스커트의 색상을 일치하면 다리가 가늘고 길어 보여 결점을 보완할 수 있다.

"승무원들 화장 안 해도 돼…" 한 항공사의 실험

영국 버진애틀랜틱 항공이 여성 승무원에게 화장과 치마 착용을 강요하지 않기로 했다.

4일(현지시간) 영국 일간 인디펜던트에 따르면 버진애틀랜틱은 이 밖에도 여성 승무원들에게 바지를 기본적으로 지급하기로 했다. 버진애틀랜틱은 이 같은 변화의 움직임이 "항공 산업에 있어서 중대한 변화"라고 말했다.

마크 앤더슨 고객 담당 부사장은 "우리 회사는(고유의 붉은색 유니폼으로) 군중 속에서 쉽게 눈에 띄었고 다르게 일을 해왔다."며 "우리는 우리 유니폼이 버진애틀랜틱 스타일을 유지하면서도(직원들) 개인의 개성을 진정으로 반영하기를 원한다."고 말했다. 그러면서 "우리는 국민의 목소리에 귀를 기울여 왔고 그 결과 우리의 용모 관련 정책(Styling and grooming policy)에 변화를 가하기로 했다."고 말했다.

앤더슨 부사장은 "우리의 새로운 가이드라인은(직원의) 편안함을 향상시킬 뿐 아니라 직장 내에서 개성을 드러내는 방식에 관해 더 많은 선택권을 부여하는 것"이라며 "직원들이 원하는 대로 하도록 돕는 것은 가장 사랑받는 여행사가 되고 싶은 회사 목표의 핵심"이라고 강조했다.

대부분의 항공사들은 여성 승무원의 용모와 관련한 제한 규정을 가지고 있다. 브리티시에어웨이 승무원들은 최소한의 립스틱을 발라야 하며, 에미레이트 항공 승무원들은 모자 색깔에 맞는 립스틱을 바르는 것을 포함해 7단계의 메이크업 루틴을 반드시 거쳐야 비행기에 탈 수 있다. 유나이티드 항공은 여성 승무원들에게 "화장은 극단적인 색깔을 피해 화려하지 않게 하라"는 지침을 내리고 있다.

출처 : 유태영 기자 anarchyn@segye.com

Part **02**

이미지메이킹
실전

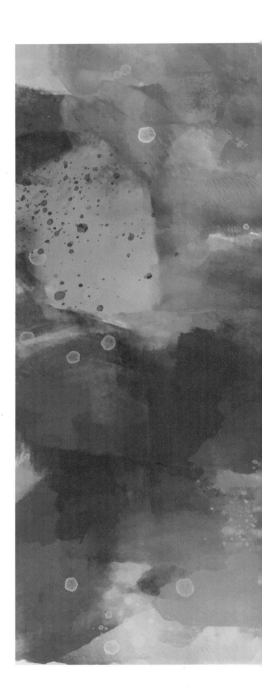

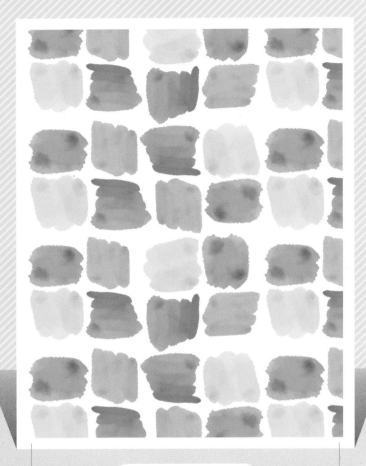

Chapter 07

밝은 표정 연출

항공사 직원으로서 밝은 얼굴 표정의 중요성을 알고
이를 실습할 수 있다.

학습목표

- 서비스의 시작은 부드러운 미소에서 시작된다 생각합니다. 하지만, 오늘 비행에서 승무원들의 표정은 어쩜 그렇게 무표정할까요.

- 승객의 컴플레인을 듣는 태도는 정말 어이없더군요. 불만을 토로하는 승객을 기분 나쁜 듯이 잔뜩 찌푸린 얼굴로 쳐다보지도 않더군요.

- 돌아오는 여정은 업무에 대한 스트레스와 쌓인 피로 때문에 예민해져 있는 상태이므로 작은 것에도 짜증이 나기 마련이다… 굳어진 얼굴로 서비스하는 것은 나의 짜증을 더욱 더 증폭시켰다.

- 베개 하나를 부탁드렸을 때 입가엔 미소란 찾아볼 수 없었고 정말 싸늘하다는 표현을 이때 쓰는구나 싶었습니다.

- 진실이 제일 감동을 준다는 것을 혹시 아시는지요? 제 앞 고객이 승무원에게 항의할 때 미소로써 미안하다고만 하던데요. 미소로 죄송하다는 말은 고객의 입장에서 화를 돋운다는 거 아닙니까? 미안함이 전혀 느껴지지 않습니다.

- 시종일관 무표정으로 초점 없이 흐린 눈으로 시선은 저를 무시하듯이 계속 반대편을 바라보며 서 있더군요. 대화할 때 시선을 마주하는 건 누구나 알고 있는 기본입니다.

고객 불만 사례 중

타인에게 전달되는 이미지 중 가장 크게 전달되는 부분이 얼굴이다. 선천적으로 타고난 얼굴 생김새보다 더 호감을 줄 수 있는 것은 그 얼굴에 나타난 따뜻한 표정이다. 이번 장에서는 상대방에게 호감을 주는 표정연출, 즉 미소연출에 대해 알아보자.

우선 나의 표정연출에 대한 다음 항목을 체크해보자.

Check List　　　　　　　　　Yes　　No

★ 나는 나의 미소 짓는 얼굴이 마음에 든다.

★ 나는 웃는 얼굴이 매력적이라는 칭찬을 듣는다.

★ 나는 웃을 때 치아가 최대한 보인다.

★ 나는 웃을 때 입꼬리가 올라간다.

★ 나는 웃을 때 손으로 입을 가리지 않는다.

★ 나는 항상 미소 지으려 노력한다.

★ 나는 사람을 대할 때 자연스러운 미소를 지을 수 있다.

★ 나는 미소 짓는 얼굴이 건강에 좋다고 생각한다.

★ 나는 나의 웃는 얼굴을 바꾸고 싶다고 생각한 적이 없다.

Ron Gutman,"The hidden power of smiling"- TED 연설

UC 버클리대학과 함께 그 대학 졸업생들을 대상으로 그들의 삶을 통해 성공과 행복에 대한 30년 종단연구가 진행되었다.

연구자들은 졸업앨범의 사진에서 학생들의 미소를 측정하는 것으로 그 사람의 결혼생활이 얼마나 만족스럽고 오래가는지, 행복지수가 얼마나 높을지, 다른 사람들에게 얼마나 의욕을 불어넣을지 예측할 수 있었다.

또한 1950년대 이전 메이저리그 선수들의 야구카드를 조사한 2010년 웨인 주립대학의 연구자들은 선수들의 미소로 그들의 생활을 예측하였다. 사진에서 웃지 않는 선수들은 평균적으로 72.9세를 살았고, 약간의 미소(Slight smile)를 지은 사람은 75세, 활짝 웃는 선수들은 79.9세를 살았다.

선천적으로 우리는 웃는다. 자궁 속 태아를 3D 초음파 사진으로 보면 미소를 짓고 있고, 앞이 잘 보이지 않는 아이도 사람의 목소리에 웃으며 반응을 한다.

미소는 생물학적으로 가장 기본적인 인간의 표정이다. 파푸아 뉴기니에서 실시한 연구를 보면 얼굴 표정 연구가인 폴에크만은 서구문화와 완전히 단절되어 있는 식인 부족인 포레족 역시 미소가 상황들을 표현하는 것을 알 수 있다.

우리 중 1/3이 넘는 사람들이 하루에 20번 이상 웃는 반면, 14% 미만의 사람들은 하루에 5번도 웃지 않는다. 아이들은 무려 하루에 400번 미소를 짓는다. 자주 웃는 아이들과 함께 있으면 왜 자꾸 웃게 되는지 궁금해본 적이 있는가?

스웨덴 웁살라대학의 연구팀은 웃고 있는 사람들을 보면서 찡그리기란 정말 어렵다는 사실을 밝혀냈다. 진화상 웃음은 전염되기 때문에 우리의 얼굴근육을 통제하지 못하게 한다. 따라 웃으면서 그것을 신체적으로 경험하는 게 웃음이 가짜인지 진짜인지 이해하도록 도움을 주어 웃는 사람의 감정상태를 이해할 수 있게 한다. 프랑스 클레르몽페랑대학의 흉내연구에서 미소 짓는 얼굴근육을 억제하도록 얼굴에 연필을 문 채 웃음이 진짜인지 가짜인지 판단하라고 연구대상자에게 요구했다. 연구대상자들은 연필이 없을 때는 잘 판단했지만 연필을 물고 있어서 그들이 본 웃음을 흉내 내지 못할 때는 제대로 판단하지 못했다.

찰스 다윈은 〈종의 기원〉으로 진화론을 이론화한 것 외에도 안면피드백 반응 이론도 집필했다. 그는 기분이 좋기 때문에 웃는다기보다 웃는 행위 자체가 실제로 우리 기분을 나아지게 한다고 한다. 독일의 관련 연구에서 연구자들은 웃음 짓는 근육을 억제하는 보톡스를 주입하기 전과 후의 두뇌활동을 측정하기 위해 뇌의 MRI를 촬영하였다. 웃을 때 기분을 더 좋게 해주는 방식으로 안면피드백이 두뇌에서 감정적인 내용의 신경처리를 바꾼다는 결과는 다윈의 이론을 뒷받침해준다.

영국의 연구자들은 한 번의 미소가 초콜릿바 2천 개에 이르는 수준으로 두뇌를 자극하고 또한 웃음이 현금 1,600파운드를 받는 것만큼 자극을 준다는 사실을 알아냈다.

웃음은 코티졸, 아드레날린, 도파민과 같은 스트레스를 높이는 호르몬의 수치를 낮추고 엔돌핀과 같이 기분을 향상시키는 호르몬의 수준을 높이고, 전반적인 혈압을 낮출 수 있다. 펜실베니아 주립대학의 연구에 의하면 미소 짓는 얼굴이 예의 바르고 호감을 주고 유능하게 보인다는 것도 알아냈다.

멋지고, 유능하게 보이고 싶고, 스트레스를 줄이고 싶고 더 오래 건강하게 행복하게 살고 싶다면 웃자!

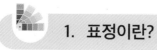

1. 표정이란?

1 **표정의 사전적인 뜻**

[명사] 表情 : 마음 속에 품은 감정이나 정서 따위의 심리 상태가 겉으로 드러나는것 또는 그런 모습으로 정의 내린다.

> **Tip!** 인상과 표정의 구분
>
> 인상(人相)이란 표정의 바탕이 되는 것으로 얼굴의 생김새나 골격을 말한다. 대체로 객관적이며, 어느 정도 고정되어 있으나, 오랜 세월에 걸쳐 변할 수 있다.

2 **표정의 의미**

- 얼굴 표정은 마음의 모습을 반영한다.
- 표정은 마음의 이력서이다. 그 사람의 살아온 인생, 인격, 성격을 나타낸다.
- 표정은 지금의 마음 상태(기쁨, 놀람, 분노, 망설임 등)를 나타낸다.
- 얼굴에 마음이 나타나는 것은 오직 인간 뿐, 사람만이 표정을 가지고 있다.

2. 표정의 역할

- 첫인상을 결정한다.
- 전반적인 이미지를 결정한다.
- 표정은 세계 공통어이다.
- 커뮤니케이션의 시작은 상대방과 얼굴을 마주하는 순간부터 시작된다.
- 질병과 심리 치료의 역할을 한다.

- 스트레스 관리를 한다.
- 표정에 따라 주변 분위기가 형성된다.

3. 표정의 중요성

1️⃣ 이미지적 측면

- 다른 사람에게 자신의 첫인상을 전달하는 중요한 요소이다.
- 다른 사람의 기분을 파악할 수 있는 단서이다.
- 밝은 표정으로 호감 가는 이미지를 형성한다.
- 호감 가는 이미지 형성은 사회생활에 도움을 준다.

대면 서비스를 담당하고 있는 현장 직원은 고객과 만나는 최초 접점에 있다. 고객들은 말보다는 표정을 먼저 읽는다는 점을 감안했을 때 감정이 그대로 드러나기 쉬운 '표정'에 유의해야 한다. 또한 직원의 이미지가 회사의 이미지로 연결되며 직원의 친절이 회사의 고객을 만족시키며 이는 충성고객으로 연결되기도 한다.

2️⃣ 건강학적 측면

(1) 스트레스 해소에 도움이 된다.

스트레스란 개체의 존립에 위협을 주는 내외부적 자극으로 신체를 전투 준비 자세로 만드는 심리적 중압감 또는 긴장감을 말한다. 하루에도 다양하고 많은 고객을 응대해야 하는 항공사 업무특성상 몸과 마음은 늘 긴장

하게된다. 이때 웃음은 행복 호르몬인 엔도르핀 분비를 증가시키고 스트레스 호르몬이 감소되면서 혈압, 심장 박동, 혈당치가 안정 유지된다.

(2) 면역력을 강화시켜준다.

- 웃음은 감기와 같은 감염질환은 물론 암이나 성인병에 대한 저항력도 향상시켜준다.
- 웃음은 우리 몸의 면역 세포인 백혈구의 생명을 연장시키는 효과가 있다.
- 웃음은 우리 몸의 세포에 더 많은 영양분과 산소 공급을 가능하게 한다.

(3) 고혈압 치료와 암치료

오랫동안 선 자세로 고객을 응대하는 경우, 혈액순환이 잘 이루어지지 않는다. 하지만 밝게 웃는 것만으로도 혈압이 떨어지고 심장박동이 증가하여 혈액순환이 좋아진다. 18년간 웃음의 의학적 효과를 연구해온 미국의 리버트 박사는 웃음을 터뜨리는 사람에게서 암을 일으키는 종양세포를 공격하는 '킬러세포(Natural killer cell)' 가 많이 활성화된다는 사실을 실험을 통해 입증했다.

3 심리적인 측면

- 호감 형성 : 밝은 표정은 호감을 주는 인상을 만들고 이것은 자연스럽게 상대방에게 편안한 느낌을 제공한다.
- 마인드 컨트롤 : 우울한 마음이 있을 경우에 한번 웃어보자. 놀랍게도 마음이 차츰 즐거워지는 것을 느끼고 기분이 좋아지게 된다.
- 감정 이입 : 자신의 기분이 향상되면 상대방의 기분까지 즐겁게 만드는 효과가 있다.
- 실적 향상 : 밝은 웃음으로 일의 능률이 향상되면 이것은 실적으로 연결된다. '미소 띤 세일즈맨은 20% 더 팔 수 있다.'고 한다.

4. 항공사 직원의 얼굴 표정

1 밝아야 한다.

불안감이 없는 삶의 태도를 갖고 낙관적인 생각과 늘 감사하는 마음으로 살아가야 한다. 마음이 밝으면 호르몬과 뇌파 파동이 좋아지며 이것이 결국 겉으로 드러나 밝은 표정을 만든다.

2 따뜻해야 한다.

웃음을 지음으로써 상대에게 따뜻한 느낌이 들도록 해야 한다. '나와 더불어 타인도 행복하기를 바란다. 도움이 되고 싶다.'라는 마음가짐을 가져야 한다. 상대를 대할 때 오픈마인드는 기본이다.

3 상황에 어울려야 한다.

상황에 어울리지 않는 표정은 오히려 관계를 악화시킨다. 자신의 감정에만 귀 기울이지 말고 상대방의 감정과 기분에 관심을 가지자.(역지사지易地思之하는 마음)

4 긍정적 활기가 있어야 한다.

활기 있고 눈빛이 빛나는 사람의 인생에는 꿈과 목표가 있다. 활기는 사람 간의 관계 자체를 즐겁게 만든다. 자신의 사명을 알고 그것에 최선을 다하는 과정에서 활기는 살아난다.

우리는 일생 일하느라 26년을,
잠자느라 23년을,
텔레비전을 보느라 7년을,
화장실 가느라 3년 반을 쓴다고 한다.
화내느라 쓰는 시간은 무려 2년,
그렇다면 웃는 데 쓰는 시간은 얼마일까?
. . . ,

3년? 아니면 화내느라 쓰는 시간과 비슷한
2년? 하루에 10번을 웃는다 치더라도
겨우 88일밖에 안 된다고 한다.
하루에 10번도 안 웃는다면
당신이 웃는 시간은 일생
88일에도 못 미칠 것이다.

5. 표정 연출 실습하기

생각은 필름이고 마음은 영사기이며 외모는 스크린이다. 생각이라는 필름이 진실되고 마음이라는 영사기가 밝아야 외모라는 스크린에 바르게 나타나는 것이다. 밝은 미소를 만들기 전 기본적인 마음부터 우선 가다듬어보자.

❶ 가장 아름다운 나의 미소는?

· 1단계 : 우선 앞에 거울을 두고 그것을 보며 무표정한 얼굴을 만들어보자.
· 2단계 : 살짝 입꼬리를 올렸다 내려보자.

- 3단계 : 치아가 반쯤 드러나도록 미소를 만들어보자. 이때 눈웃음도 만든다.
- 4단계 : 치아가 최대한 보이도록 활짝 웃어보자. 역시 눈웃음도 같이 한다.

4단계의 과정을 거치면서 자신의 표정이 어떻게 변하는지를 느껴보자.

- 무표정일 때 느낌은 어떠한가?
- 입꼬리는 위로 올라가는가?
- 치아가 몇 개 보이는 것이 자연스러운가?
- 웃을 때 잇몸이 많이 보이는가?
- 눈웃음은 짓고 있는가?

고객들은 무표정일 때 보이는 모습을 보게 되는 것이다. 무표정인 모습이 차가워 보인다면 그다음 단계는 어떠한가?

고객 응대 시 보여줄 최고의 미소를 찾는 것이 중요하다.

② 안면근육 운동하기

운동하기 전 가볍게 스트레칭을 하는 것과 같이 미소 만들기 연습을 하기 전 얼굴근육 운동을 해보자. 사람의 얼굴근육은 80여 개 정도 된다. 이때, 웃을 때 사용되는 근육은 16개 정도로 눈과 입 주위에 분포되어 있다.

얼굴근육 중 대표적인 표정근은 이마근(이마주름), 눈둘레근, 입둘레근, 볼근, 큰광대근, 입꼬리당김근, 입꼬리내림근, 입꼬리올림근이다. 큰광대근은 웃음근으로 웃을 때 가장 많이 움직인다. 입꼬리당김근도 보조개근으로 미소를 만들 때 중요한 역할을 한다.

보통 서양인은 동양인보다 웃는 표정이 크고 자주 미소를 짓는다. 웃음이 많으면 경망스럽고 실없어 보인다는 예부터 우리가 익힌 몸에 밴 습관 때문일 수도 있다. 여러 역사적 문화적 배경도 있겠지만 최근 연구 결과에 따르면 입꼬리에 붙은 '볼굴대'라는 근육의 위치가 서양인에 비해 동양인이 상대적으로 아래쪽에 위치하고 있다고 한다. 이 때문에 웃을 때 입꼬리가 자연스럽게 올라가지 않아 활짝 웃음을 짓

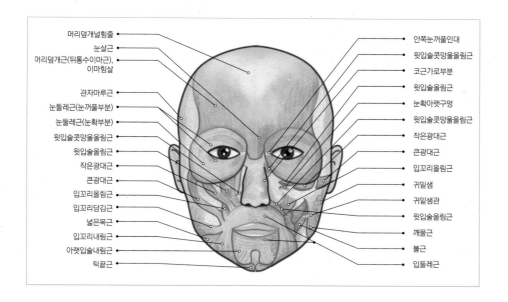

기가 힘들다는 것이다. 근육이 이미 만들어진 것이다. 하지만 웃는 얼굴이 습관화되고 안면근육 운동을 지속적으로 한다면 볼굴대의 위치를 올릴 수 있다. 그래서 연습이 필요한 것이다.

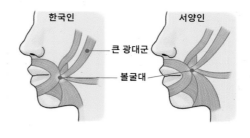

우선 양손을 큰광대근 위치에 대고 미소를 만들어보자. 그리고 양손 검지손가락을 보조개 위치에 두고 미소를 만들어보자. 근육의 움직임이 느껴질 것이다. 근육의 움직임을 느끼면서 얼굴 전체 근육을 풀어보자.

(1) 눈썹

표정이 풍부하고 다양한 배우들을 보면 눈썹의 움직임이 자유롭다. 즐거움을 나타낼 때는 부드럽게 아치형으로 그려지고 좋지 않은 감정을 표현할 때는 팔자로 찡그려진다.

- 놀랐을 때처럼 눈썹을 위로 쭉 올린다.
- 이마에 주름이 생길 때까지 올린 후 3초 정지한다.
- 올린 눈썹을 천천히 아래로 내려 원위치한다.

- 반대로 찡그릴 때처럼 눈썹을 최대한 아래로 내리고 3초 정지한다.
- 내린 눈썹을 천천히 위로 올려 원위치한다.
- 처음에는 천천히 하다 조금씩 빠르게 눈썹을 위아래로 한다.
- 5회 반복한다.

만약 눈썹의 움직임이 전혀 없을 경우,
양손가락을 눈썹 위에 대고 손가락을 기준으로 거울을 보면서 눈썹을 위아래로 움직여보자. 그래도 움직이지 않는다면 손가락을 이용하여 인위적으로 올리고 내려보자. 자연스럽게 된다면 손가락을 내리고 다시 자연스럽게 위의 운동방법으로 반복훈련한다.

(2) 눈

눈은 다양한 감정을 솔직하게 표현하는 마음의 창구이다.
- 눈을 감고 5초 정지한다.
- 눈을 크게 뜬다.
- 눈을 뜬 상태에서 눈동자만 좌, 우, 위, 아래로 움직인다.
- 눈동자를 시계 방향으로 동그랗게 오른쪽으로 한 번, 왼쪽으로 한번 회전한다.
- 다시 눈을 감고 크게 떠서 위와 같은 동작을 5회 반복한다.

(3) 뺨

- 입을 다물고 입안을 공기로 가득 채운다.
- 입안의 공기를 좌, 우, 위, 아래로 움직인다.
- 양치하듯 입안의 공기를 우물우물하다가 터트린다.
- 10회 반복한다.

(4) 입

- 입을 다물고 양쪽 입꼬리를 위쪽으로 당긴다.
- 앞으로 뽀뽀하듯 쭉 내민다.
- 10회 반복한다.
- '아, 에, 이, 오, 우, 에, 이'로 입 모양은 크고 정확하게 하며 발성연습도 같이 한다.

(5) 턱

- 입을 살짝 벌린다.
- 턱을 오른쪽 왼쪽 움직인다.
- 5회 반복한다.

(6) 코

- 숨을 들이마시며 콧등에 굵은 주름 2~3개가 잡히도록 찡그린다.
- 숨을 편안하게 내쉰다.
- 5회 반복한다.

3 미소 만들기

(1) 기본 훈련

- '이' 모음으로 끝나는 단어를 이용하여 미소를 만들어본다. 예 위스키
- 거울을 보면서 자신의 가장 아름다운 미소가 익숙해지도록 20회 반복한다.

(2) 눈웃음 훈련

- 입꼬리만 올리는 인위적인 미소가 되지 않도록 눈웃음 훈련을 한다.
- 2인 1조가 된다.
- 손으로 입을 가린다.
- 상대방을 마주 보고 눈맞춤을 하며 '위스키'로 미소를 만들어본다.
- 눈이 웃도록 5회 반복한다.

(3) 미소 유지 훈련

- 반짝 미소가 되지 않도록 미소 유지 연습을 한다.
- 5초, 10초, 15초, 30초 단계적으로 미소 유지를 한다.

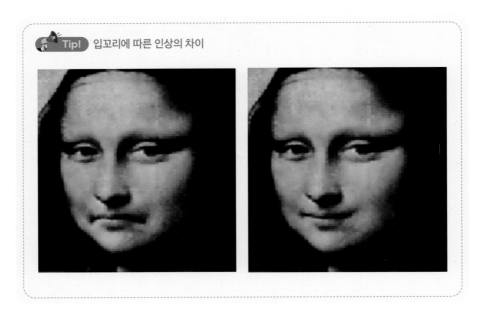

Tip! 입꼬리에 따른 인상의 차이

표정 훈련을 위한 게임

〈Face Off〉

① 게임목적

- 표정에 담을 수 있는 다양한 감정을 추측해 보고 고객과의 커뮤니케이션에서 의미를 더하는 "표정"의 중요성을 체득하는 데 그 목적이 있다.
- 게임을 해봄으로써 고객의 얼굴에 나타난 다양한 표정이 어떤 의미인지 알 수 있다.

② 게임방법

- 클래스 인원에 맞춰 팀을 나눈다.
- 먼저 A팀이 다양한 감정(기쁜, 화난, 슬픈, 염려하는, 불안한, 성급한…) 중 순서대로 어떤 감정을 제시할지 정한다.
- A팀 전원이 하나의 감정을 표정으로 동시에 표현하고 B팀은 표정이 어떤 감정을 나타내는지 맞춰본다.
- 이긴 팀이 진 팀에게 벌칙을 준다.

③ 토론내용

- 표정 연출을 할 때 어려웠던 점은?
- 타인의 표정을 읽은 소감은?
- 근무 시 어떤 표정을 연출하는 것이 가장 좋을까?

〈볼링게임〉

① 게임목적

나는 얼마나 표정 연출에 자유로우며, 또한 얼마나 고객의 표정을 잘 읽어내는지 알아본다.

② 게임방법

- 1~10까지 적힌 종이를 숫자가 보이지 않은 상태로 조원끼리 한 장씩 갖는다.
- 주어진 감정을 배정받은 숫자만큼의 강도로 표현하고 그 상태로 정지한다.
- 다른 조원들은 감정표현을 한 교육생들을 번호 순서대로 재배치하고 확인한다.

③ 토론내용

- 자신의 감정을 강도에 맞게 표현하는 데 어려웠던 점은?
- 타인의 감정표현을 강도의 순서대로 배치하기 어려웠던(쉬웠던) 이유는?

〈스마일라인〉

① 게임목적

자신의 감정에 상관없이 자연스러운 웃음을 연출하는 데 목적이 있다.

② 게임방법

강의실 입구 바닥에 포토라인과 같은 선을 긋고, 교육과정 중 이 라인을 지나다닐 때는 항상 5초 이상 웃음을 유지한다.

〈스마일버튼〉

① 게임목적

자신의 감정에 상관없이 자연스러운 웃음을 연출하는 데 목적이 있다.

② 게임방법

스마일 스티커를 1인당 3장씩 나누어주고 자신의 신체 한 부위에 붙이게 하고, 교육과정 중 동료들이 부착된 스티커를 누르면 언제든지 웃음을 짓는다.

항공사 직원의
퍼스널 이미지 전략

Chapter 08

호감을 주는 인사

학습목표

인사의 의미와 중요성을 알고
바른 인사법을 익힐 수 있다.

> • 자리 확인이 그리도 급하던가요? 인사는 하는 둥 마는 둥… 저는 바라보지도 않고 제 탑 승권에만 관심을 가지시니 이게 맞는 건가요?
>
> • 맨 뒤에 앉아 있었기 때문에 내리기까지 한참이 걸렸습니다. 짐을 양손에 가득 들고 좁은 복도를 지나가고 있는데 승무원이 자꾸 뒤에서 머리 위 선반을 덜컹덜컹 열며 따라오시던데… 혹시라도 남은 짐이 없는지 확인하는 거라면 승객 모두 내리고 하면 안 될까요? 긴 시간 정말 편안하게 잘 왔구나 싶었는데 마지막에 정말 실망했습니다. 앞쪽에 있는 승무원들은 계속 인사하고 뒤에서는 정리한다고 정신없고. 말로만 하는 인사는 차라리 받지 않는 것이 낫다는 생각이 들었습니다.
>
> 고객 불만 사례 중

인사란 '사람이 마땅히 해야 할 일을 다하고 하늘의 명을 기다린다(盡人事待天命, 논어)는 뜻'에서 유래된 것으로 사람이 마땅히 해야 할 도리를 말한다. 이러한 도리를 겉으로 표현하여 상대방에 예(禮)를 표하는 것이 인사라고 할 수 있다. 처음 만난 사람이나 웃어른에게 자신의 모든 것을 가장 잘 표현하고 상대방에게 호감을 받을 수 있는 첫 관문이다.

가정에서는 화목한 가정의 근간이 되고 직장 생활에서는 인화단결의 근간이 되며 고객에게는 항공사의 서비스를 평가하는 기준이 된다.

인사는 평범하고도 쉬운 행위이지만 이것이 관계를 결정짓기도 한다. 따라서 반복 연습을 통해 몸에 습관이 되도록 해야 한다.

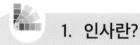

1. 인사란?

인사 : 人(사람 인)**事**(일사/섬길 사)

사람으로서 해야 할 도리이며 인사를 할 때는 상대방을 섬기는 마음으로 매일 '일'같이 해야 한다.

2. 인사의 의미

① 인사는 예절의 기본이며 인간관계의 시작이다.
② 인사를 통해 개인에게는 존중과 배려를, 상사에게는 존경심을, 동료 간에는 우애를, 고객에게는 신뢰를 표현하게 된다.
③ 인사는 사람과 사람의 마음을 열어주는 열쇠이다.
④ 자신의 인격을 표현하는 최고의 행동이다.
⑤ 서비스의 기본이자 척도가 된다.

3. 인사의 종류

1 목례

눈에서 표현되는 밝은 눈웃음으로 인사한다.
• 먼 거리에서 인사할 사람을 보았을 때
• 회의실이나 도서관과 같이 조용한 장소에서 만났을 때

2 약례

인사 각도 15도로 인사한다.
• 이미 인사를 나눈 사람과 재차 만났을 때
• 복도, 엘리베이터, 계단과 같은 좁은 장소에서 만났을 때
• 대화의 시작과 종료 시에

3 **보통례**

인사 각도 30도로 인사한다.

· 고객을 처음 맞이하거나 전송할 때

· 아침 출퇴근 시 상사나 동료에게 인사할 때

· 결재를 얻기 위해 상사의 집무실을 출입할 때

4 **정중례**

인사 각도 45도로 인사한다.

· 감사의 뜻을 표할 때

· 잘못된 일에 대해 사과할 때

약례(15도)
협소한 장소,
혹은 자주 만났을 때

보통례(30도)
일반적인 인사

목례
가벼운 눈인사

정중례(45도)
깊은 감사나 사죄

4. 인사 실습하기

① 인사 기본 자세

- 표정 : 밝고 부드러운 미소로
- 시선 : 상대의 눈을 부드럽게 바라본 후
- 머리 : 중앙에 머리를 반듯하게 두고
- 턱 : 턱을 내밀지 않고 자연스럽게 앞으로 당긴다.
- 어깨 : 양어깨가 수평이 되도록 한다.
- 무릎, 등, 허리 : 자연스럽고 곧게 편다.
- 손
  - 여성의 경우 손가락을 모은 오른손으로 왼손을 감싸 쥐고 팔은 자연스럽게 늘어뜨려 배꼽 아랫부분에 가볍게 댄다.(남좌여우)
  - 남성의 경우 왼손으로 오른손을 감싸 쥐어 공수를 하거나 계란을 쥔 손 모양으로 바지 옆선에 가볍게 둔다.
- 발 : 발꿈치를 서로 붙이고 양 발은 '11자' 또는 20~30도 각도로 벌린다.

> **Tip! 공수법 남좌여우란?**
>
> 공손한 자세를 취하기 위해 잡는 손 '공수(恭手)'를 할 때 평상 시에는 남자는 왼손이 위이고 여자는 오른손이 위로 위치하여 잡는다. 이를 '남좌여우(男左女右)'라고 한다. 자기 자신을 기준으로 했을 때 남자는 양이므로 해 뜨는 쪽 동쪽의 방위가 자신이 되고 여자는 음이므로 해지는 쪽 서쪽의 방위가 자신이 되는데 이를 '남동여서(男東女西)'라고 한다. 그러므로 남자의 경우는 동쪽이 왼손이므로 왼손을 위로 가게 잡고 여자는 서쪽이 오른손이므로 오른손을 위로 가게 잡는 것이다. 그러나 흉사 시(문상)에는 평상시와는 반대로 '남우여좌'를 한다.
>
> 옛날 우리 조상들에게 있어서 남자와 여자라는 관념은 상하 주종의 개념이 아니었다. 낮과 밤처럼 자연의 일부로서 살아가는 인간을 이해하고 그 속에서 조화를 꾀하려는 질서이자 합리적 규정이었다.

2 인사방법

❶ 바른 자세로 상대를 향해 선다.

(비즈니스 거리 : 인사를 하기에 적당한 거리이며, 120~150cm 정도)

❷ 상대방의 눈을 보며 상냥하게 인사말을 건넨다.

시선을 부드럽게 상대방의 눈을 응시하며, 밝고 쾌활한 목소리로 인사한다.

❸ 상체를 정중하게 굽힌다.

허리, 등, 목이 일직선이 되도록 하여 일반적인 인사의 경우 30도 정도 굽힌다. 이때, 인사말 끝에 상체를 숙인다.(◉ 안녕하십니까?의 '니까'/'반갑습니다'의 '니다'에서 상체를 숙여 인사한다.)

❹ 잠시 멈춘다.

이때 시선은 상대방의 발끝에서 1~2m 앞에 두고 0.5초에서 1초 정도 멈춘다.

❺ 상체를 천천히 올려 원위치한다. 굽힐 때보다 천천히 상체를 든다.

❻ 바로 서서, 아이콘택트(Eye contact)를 한다. 미소 띤 얼굴을 유지한다.

3 인사 시 유의점

- 망설이다가 하는 인사는 효과가 없다. 먼저 보는 사람이 먼저 인사한다.
- 형식적인 인사는 안 하는 것보다 못하다.
- 말로만 하는 인사는 가벼워 보인다.
- 고개만 끄덕거리는 인사는 경망스러워 보인다.
- 표정이 없는 인사는 상대를 기분 나쁘게 한다.
- 상대를 쳐다보지 않고 하는 인사는 무례하게 보인다. 밝은 인사말과 아이콘택트로 마음을 전달하자.
- 헤어질 때 상급자나 연장자에게 뒤편에서 인사하게 되는 경우에도 자세를 정중히 취한다.
- 인사는 서서하는 것이 기본이다. 부득이한 경우를 제외하고 서서 인사하자.

4 **인사를 생략해도 되는 경우**

- 무거운 짐을 들거나 힘든 작업 중일 때
- 회의, 상담 중일 때
- 화장실과 같은 개인적인 장소

5. 상황별 인사법

1 **먼 거리에서의 인사**(복도에서)

① 먼저 가벼운 눈인사로 상대방을 보았음을 나타내고
② 120~140cm 정도의 가까운 지점에서
③ 밝은 표정과 바른 자세로 고객의 눈을 보며 인사말 건네기
④ 고객이 지나가도록 사선으로 비켜선 후
⑤ 고객이 지나간 후 이동

2 **계단을 오르내릴 때 인사**

✿ 인사받을 고객이 위에 있을 경우
① 두세 계단 정도의 거리에서
② 바른 자세로 15도 인사를 한다.
③ 고객이 지나가도록 사선으로 선 후
④ 이동

✿ 인사받을 고객이 아래에 있을 경우
① 잰걸음으로 내려와 비슷한 위치에서
② 바른 자세로 15도 인사를 한다.
③ 고객이 지나가도록 사선으로 선 후
④ 이동

3 **앉아서 하는 인사**

❀ 회의 시, 브리핑 시

❶ 가능한 한 일어서서 인사하는 것이 기본

❷ 어쩔 수 없이 앉아서 하게 되는 경우 서서 할 때보다 더 밝은 표정과 목소리로 한다.

❸ 앉은 상태에서 바른 자세로 15도 인사

4 **뒤에서 하는 인사**

❀ 사무실 등에서

❶ 뒤에서는 인사를 하지 않는 것이 기본

❷ 앞으로 이동 후 인사

6. 항공사 직무별 인사

1 **객실 승무직**

(1) 탑승 시

❀ 게이트(Gate)

· 30도 보통례로 인사한다.

"안녕하십니까? 어서 오십시오. 탑승권 확인해드리겠습니다."

❀ 통로(Asile)

· 15도 약례로 인사한다.

"안녕하십니까? 고객님 좌석은 ○○쪽 ○번째 자리입니다."

(2) 승객 호출 시

- 15도 약례로 허리를 숙여 고객과 아이콘택트한다.
  "네, 고객님 무엇을 도와드릴까요?"
  "곧 갖다드리겠습니다. 잠시만 기다려주시겠습니까?"

(3) 하기 시

- 30도 보통례/45도 정중례로 인사한다.
  "안녕히 가십시오. 감사합니다."

2 발권직

모든 인사는 일어서서 하는 것이 기본이나, 카운터 여건(카운터데스크 구조 및 대기 고객수의 다수 등)으로 인한 현실적인 어려움을 감안하여 상황에 따라 접객 인사를 병행한 목례 또는 아이콘택트로 대신하는 경우도 있다.

(1) 첫인사

- 30도 보통례로 인사한다.
  "안녕하십니까? 어서 오십시오"
  "안녕하십니까? 무엇을 도와드릴까요?"
  "이쪽으로 앉으시겠습니까?"

(2) 기다리게 될 때

- 목례 눈인사로 인사한다.
  "고객님, 죄송합니다만 잠시만 기다려주시겠습니까?

(3) 발권 시 장시간 소요된 후

- 15도 약례로 인사로 한다.
  "오래 기다려주셔서 감사합니다."

(4) 항공권 교부할 때

- 목례 눈인사로 인사한다.

  "혹시 더 필요하신 사항이나 궁금하신 사항 있으십니까?"

(5) 끝인사

- 30도 보통례로 인사한다.

  "이용해주셔서 감사합니다. 좋은 여행 되십시오."

  "○○항공을 이용해주셔서 감사합니다. 안녕히 가십시오."

  (고객이 일어서면 따라 일어서서)

③ 운송직

(1) 카운터

❶ 첫인사

- 30도 보통례로 인사한다.

  "안녕하십니까? 반갑습니다."

  "안녕하십니까? 여권과 항공권을 보여주시겠습니까?"

❷ 원하는 좌석배정을 못 해드렸을 때

- 목례 눈인사로 인사한다.

  "손님, 죄송합니다. 원하시는 좌석은 이미 다른 손님들에게 배정이 되었습니다.
  통로 쪽 좌석은 어떻습니까?"

❸ 끝인사

- 30도 보통례로 인사한다.

  "고객님, 더 궁금하신 사항 있으십니까?"

  "즐거운 여행 되십시오."

(2) 보딩(Boarding)

❶ 보딩 개시 시

- 30도 보통례로 인사한다.
  "안녕하십니까? 탑승객 여러분의 편의를 위하여 두 줄로 질서 있게 탑승해주시면 감사하겠습니다."
  "빠른 탑승을 위하여 손님의 여권과 탑승권을 준비하여주시겠습니까?"

❷ 탑승 미준수 고객에게

- 죄송한 표정으로 15도 약례로 인사한다.
  "기내의 혼잡을 막기 위해 불가피하게 좌석번호에 따라 탑승을 실시하고 있습니다. 불편하시겠지만 조금만 더 기다려주시면 감사하겠습니다."

❸ 끝인사

- 30도 인사로 마무리한다.
  "안녕히 가십시오. 다음에 또 뵙겠습니다."

7. 다양한 인사말

상황별 다양한 인사말을 적어보자.

1 고객 환영 시

2 머뭇거리는 고객 응대 시

3 자리를 비울 경우

4 고객을 기다리게 할 경우

5 고객 환송 시

❀ 고객 응대 인사말

표준 상황	인사말	서비스 포인트
고객 환영 시	· 안녕하십니까. · 반갑습니다. · 무엇을 도와드릴까요? · ○○항공입니다. · 편안하게 모시겠습니다.	· 바른 자세로 서서 응대 · 30도 보통례
머뭇거리는 고객일 경우	· 안녕하십니까? · 무엇을 도와드릴까요? · 네, _____ 말씀이십니까? · 제가 도와드리겠습니다.	· 적극적인 응대 · 고객의 불안감 해소를 위한 자세한 설명 필수
자리를 비울 경우	· _____ 님, 대단히 죄송합니다. · 잠시만 기다려주시겠습니까? · 제가 곧 알아보겠습니다.	· 호칭 서비스는 필수 · 동작과 태도에 더욱 유의
고객을 기다리게 한 경우	· 오래 기다리셨습니다. _____ 님. · 죄송합니다. · 제가 확인해보았습니다.	· 기다린 시간이 길어지면 정확한 이유를 설명
고객을 전송할 경우	· 안녕히 가십시오. · 또 뵙겠습니다. · 즐거운 여행 되십시오. · 즐거운 비행 되십시오. · 추억에 남는 여행 되시기 바랍니다. · 좋은 저녁 되십시오.	· 고객에 따른 다양하고 친근한 끝인사말의 실천

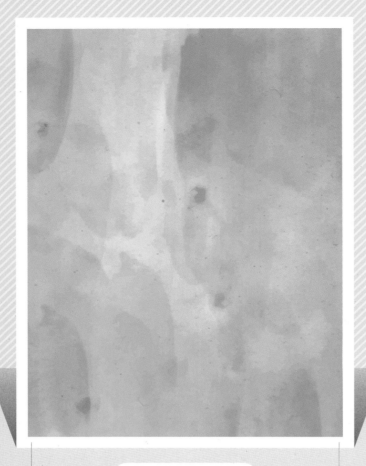

Chapter 09

건강하고 바른 자세

학습목표

차렷 자세, 대기 자세, 걷는 자세, 앉는 자세의
바른 방법을 알고 항공사 직원으로서
건강한 자세 유지에 대해 알 수 있다.

- 제발 기내에서 거의 뛰듯이 빠른 걸음으로 가지 마세요. 먼지도 나고 복도 쪽에 앉아 있는 고객 어깨에 부딪힙니다. 고객이 불편해합니다. 또 불안해할 수도 있습니다. 저는 잠자려다가 여러 번 부딪혀 짜증난 경험이 있거든요….
- 궁금한 게 정말 많았는데 어찌나 다들 바빠 보이시는지… 저를 내려다보는 모습에 그만 기가 죽어서 할 말도 다 못 했습니다. 좀 편안한 자세로 얘기할 수는 없나요?

고객 불만 사례 중

항공사 직원의 업무특성상 바른 자세는 이미지적으로도 중요하지만 건강학적으로 더 중요하다. 올바르지 못한 자세는 만성적인 통증을 유발하고 이것으로 인해 지속적인 직장생활이 힘든 경우가 있다. 바른 자세를 습관화하는 것은 활기차고 건강한 사회생활을 하기 위해 반드시 필요하다.

1. 바른 자세란?

- 말이나 행동 따위를 가다듬어 바로잡기 위한 기본 신체적 자세
- 신체적 건강을 위해 갖춰야 할 기본 자세

2. 바른 자세의 중요성

1 이미지적 측면

- 신체의 자세는 마음의 자세에서 비롯된다.
- 바른 자세에서 인간적 바탕과 이미지를 느끼게 된다.

② 건강학적 측면

바른 자세가 건강에 미치는 영향은 이미 잘 알려져 있다. 한쪽에 힘을 주어 비대칭으로 서 있거나 앉을 경우, 컴퓨터에 집중하여 고개를 빼고 앉을 경우, 의자에 등을 깊숙이 파묻고 앉아 있을 경우 뇌 순환에 악영향을 준다.

다리를 꼬는 습관 역시 건강에 해롭다. 왼쪽 다리를 위로 꼬는 경우 위의 입구가 넓어져 과식하기 쉬우며, 간장이나 담낭도 압박을 받아 담즙 분비도 나빠진다. 오른쪽 다리를 위로 꼬는 경우는 식욕부진의 원인이 된다. 또한 바르지 못한 자세로 몸의 균형이 깨지게 되면 골반이 비틀어지고 이와 연결되어 있는 목뼈가 틀어지게 되어 몸의 중심까지 균형을 잃게 되는 경우가 있다. 이렇게 몸의 균형이 사라지게 되면 그렇지 않은 사람에 비해 더 많은 피곤함을 느끼게 되어 일상에 불편함을 겪게 된다.

또한 장시간 서 있는 자세는 누워 있을 경우보다 2배 이상의 압력이 허리에 부담을 주게 된다. 특히 근무 시 물건을 들어올리거나 내리는 일, 무거운 것을 이동시키는 일 등을 바르지 못한 자세로 오랫동안 할 경우 본인이 인지하지 못하는 사이에 천천히 허리와 무릎에 손상이 온다. 따라서 근무 시 요통 등 예방을 위한 항공사 행동지침을 잘 인지하여 이를 실천해야 한다.

생활 속 나의 습관을 체크해보자!

골반의 어긋남, 비뚤어짐을 일으키는 가장 큰 이유는 바르지 못한 생활습관에 있다. 생활습관 체크를 해본 후 골반 이상 체크에 나와 있는 항목들과 자신의 경우를 비교하여 골반 이상 유무를 확인해보자.

★ 구두의 뒤꿈치가 닳는 모양이 좌우 차이가 난다.

★ 특별한 장애물도 없는데 자주 넘어지거나 습관적으로 다리를 삔다.

★ O자 걸음으로 걷는다.

★ 의자에 앉을 때 다리를 꼬고 앉는 경우가 많다. 혹은 앉을 때 두 다리를 바닥에 붙이면 허리가 무겁거나 통증이 느껴져 편안하지 않다.

★ 의자에 앉을 때 몸을 똑바로 펴고 앉기보다 등을 구부려 팔걸이에 팔을 걸치고 앉는다.

★ 똑바로 눕기가 힘들어 한쪽으로 돌아눕는 것이 편하거나 허리를 구부리고 눕는다.

★ 허리를 구부리고 청소기로 청소를 하거나 세면대에서 세수를 할 때 허리를 구부리는 자세를 취하면 허리가 아파서 힘든 적이 있다.

★ 지하철 안에서 서 있을 때 출입문에 기대거나 손잡이를 잡고 있을 때도 한쪽 발에 힘을 주고 서 있을 때가 많다.

★ 편안히 누웠을 때 양 엄지발가락이 펴지는 각도가 차이가 난다.

★ 한쪽 다리에 힘이 없거나 한쪽만 아프다.

★ 엎드려 누웠을 때 좌우 발뒤꿈치가 평행이 되지 않고 길이가 다르다.

★ 속옷상의의 끈이 자주 한쪽만 흘러내린다.

구 분	결 과
해당 항목 5개 이상	골반이 비뚤어지고 뒤틀려 있어 요통 등의 자각증상이 느껴지는 상태로, 이 상태를 그냥 두면 신체의 균형이 무너지게 되므로, 의사의 진단과 함께 올바른 생활습관을 가지도록 노력하여야 하며, 적당한 운동 등을 해야 한다.
해당 항목 4개	골반의 뒤틀림 정도는 약하지만 앞으로 발전할 가능성이 있는 상태로 운동 및 바른 생활습관으로 일상생활에서 조금 더 신경을 써서 골반이 뒤틀리지 않도록 주의를 해야 한다.
해당 항목 3개 이하	골반의 비뚤어짐으로 비롯되는 질환이 생길 가능성이 거의 없거나, 약간 있는 상태이다. 초기 단계이므로 일상생활 속에서 의식적으로 골반의 비뚤어짐을 바로 잡으면 되므로 큰 걱정은 하지 않아도 된다.

 ## 3. 바른 자세 실습하기

1 차렷 자세

모든 자세의 기본은 차렷 자세이다. 서 있는 바른 자세는 발뒤꿈치를 붙이고 발끝은 약간 벌린다.

벽이나 거울을 등지고 차렷 자세를 실습해보자.

❶ 머리, 등, 허리가 일직선이 되도록 허리는 곧게 펴고 가슴을 자연스럽게 내민다.

❷ 시선은 정면을 향하게 한다.

❸ 턱은 아래로 살짝 당겨 바닥과 수평이 되도록 한다.

❹ 아랫배에 힘을 살짝 주면 자연히 엉덩이도 업된다.

❺ 무릎은 붙이고 발은 뒤꿈치를 붙여 'V자' 모양을 만든다.

❻ 손 모양

- 여자 : 물 한두 방울 머금은 연꽃잎 모양으로 치마 옆선에 가지런히 대어준다.
- 남자 : 계란을 살짝 쥔 주먹 모양으로 바지 옆선에 대어준다.

❼ 무게 중심을 엄지 발가락에 두고 위에서 당긴다는 기분으로 선다.

2 대기 자세

고객을 오랫동안 응대할 경우 편안한 대화를 위해 대기 자세를 취한다. 대기 자세는 차렷 자세에서 한 발을 다른 발 뒤로 보내거나(여성) 다리를 살짝 벌려(남성) 하체에 과한 부담이 되지 않도록 비교적 편한 자세로 오랫동안 서 있게 해줄 수 있는 자세이다.

(1) 여자

❶ 편한 발 한 발을 뒤로 보내 그 발 중앙에 다른 발 뒤꿈치가 닿도록 영어 소문자 'y' 모양을 만든다.

❷ 손은 오른손이 위로 가도록 공수한다.
고객 응대 자세이므로 표정은 스마일한다.

(2) 남자

❶ 편한 발 한 발을 어깨 넓이로 벌린다.

❷ 손은 왼손이 위로 가도록 공수한다.

❸ 역시 표정은 스마일한다.

3 앉는 자세

많은 사람들이 부딪히지 않기 위해서 의자의 왼편으로 들어가는 것은 하나의 약속이다.

바르게 앉는 방법을 알아보자.

(1) 여자

① 의자 중앙 반보 앞에 선다.

② 편한 발 한 발을 뒤로 보내 그 발 종아리로 의자 위치를 확인하고

③ 보낸 쪽 발의 어깨 너머로 의자 위치를 확인한 후

④ 시선은 다시 정면을 본다.(이는 상대방의 시선을 놓치지 않기 위해서다.)

⑤ 치맛자락을 정리하면서 살짝 앉는다.

⑥ 앉은 후 등과 의자 등받이 사이에 주먹 하나 들어갈 정도의 간격을 둔다.

⑦ 손은 공수해서 무릎 위 치맛자락에 놓는다.

⑧ 무릎과 발은 '11자' 형태로 오른쪽이나 왼쪽 중 편한 쪽으로 가지런히 모은다.

(2) 남자

① 의자 중앙 반보 앞에 선다.

② 편한 발 한 발을 뒤로 보내 그 발 종아리로 의자 위치를 확인하고

③ 보낸 쪽 발의 어깨 너머로 의자 위치를 확인한 후

④ 시선은 다시 정면을 본다.(이는 상대방의 시선을 놓치지 않기 위해서다.)

⑤ 의자 깊숙이 앉은 후(팔걸이를 잡지 않도록 한다.)

⑥ 다리를 어깨 넓이로 벌려주고

⑦ 손은 달걀을 쥔 모양으로 무릎 위에 올려놓는다.

⑧ 일어날 때는 편한 발 한 발 뒤로 보내

⑨ 반동으로 일어나서

⑩ 다리를 모아준다.

④ 걷기 자세

걷기 전 차렷 자세의 기본 자세를 먼저 체크한다.

① 머리, 등, 허리가 일직선이 되도록 하고 시선은 정면을 바라본다.

② 턱은 바닥과 수평, 어깨는 양쪽이 수평이 되게 한다.

③ 팔은 힘을 빼고 자연스럽게 앞으로 45도 뒤로 15도 정도로 흔들고, 손끝은 가볍게 허벅지가 스치도록 한다. 이때 팔꿈치를 꺾어 앞이나 뒤로 움직이는 것이 아니라 팔을 곧게 편 상태에서 'L자' 모양으로 움직인다.

④ 역시 다리도 '11자' 모양으로 걷도록 한다.

⑤ 무릎은 곧게 펴서 무릎이 스치도록 걷고

⑥ 발뒤꿈치를 찍으면서 걷는 것이 아니라 뒤꿈치를 시작으로 발바닥 발가락으로 체중 이동을 시키며 발 전체로 바닥을 디뎌야 한다.

상체 : 5도 앞으로 기울인다.

발 : 앞뒤로 자연스럽게 흔든다. 발꿈치는 I자 또는 V자 모양으로 자연스럽게 살짝 구부린다.

엉덩이 : 엉덩이를 심하게 흔들지 않고 자연스럽게 움직인다.

체중 : 뒤꿈치를 시작으로 발바닥, 발가락 순으로 이동시킨다.

보폭 : 자기 키(cm)-100 혹은 자기 키(cm)에 0.45를 곱하고 보폭은 일정하게 유지한다.
※예 : 키가 170cm인 경우
　　　170-100=70, 보폭은 70cm

시선 : 10~15m 전방을 향한다.

호흡 : 자연스럽게 코로 들이마시고 입으로 내쉰다.

턱 : 가슴 쪽으로 살짝 당긴다.

손 : 주먹을 달걀을 쥔 모양으로 가볍게 쥔다.

몸 : 곧게 세우고 어깨와 가슴을 편다.

다리 : 11자로 걸어야 하며 무릎 사이가 스치는 듯한 느낌으로 걷는다.

올바른 발자국 모양

5 계단 오르내리는 자세

(1) 여자

❶ 계단에 오를 때는 상체를 곧게
펴고 몸의 방향을 벽 쪽으로 해
서 사선으로 걷는다.

❷ 무게 중심은 발의 앞쪽에 두어
2/3나 1/2 정도 디디고 내려갈
때는 발 전체를 안정감 있게 해
준다.

❸ 이때 스커트 자락을 정리하는
것도 잊지 말자.

(2) 남자

❶ 상체를 곧게 펴고 정면을 향해 발 전체 또는 2/3 정도 디딘다.

❷ 이때 발소리가 너무 크지 않도록 유의한다.

 걷기의 놀라운 효과

캐나다 운동노화센터

일주일에 3번, 30분씩 빠른 걸음으로 걸으면 생리학적 나이를 10년 정도 되돌릴 수 있다.

미국 매사추세츠 의대 연구팀

주당 4회, 한 번에 46분을 걷는 사람은 음식물 섭취와 상관없이 체중을 8.2kg 줄일 수 있다.

이스라엘 발기부전센터

일주일에 3차례 걷기 운동으로 발기부전 환자의 67%가 효과를 봤다.

하버드대학 보건대학 프랭크 후 박사

걷기 운동은 당뇨병 환자의 심혈관계합병증과 사망 위험을 감소시키는 데 크게 도움이 된다.

미국 텍사스대학 존 바돌로뮤 교수

30분만 러닝머신에서 걸어도 우울증을 완화시켜줄 수 있다.

보건복지부의 한국인을 위한 걷기 가이드라인에 의하면 걷기의 8대 효과는 다음과 같다.

- 모든 사망 위험 감소
- 심장병 및 뇌졸중 위험 감소
- 고혈압 위험 감소
- 제2형 당뇨병 위험 감소
- 비만 위험 감소
- 인지기능 향상
- 수면의 질 향상
- 8가지 암 위험 감소(유방암, 대장암, 방광암, 자궁내막암, 식도암, 신장암, 폐암, 위암)

❁ 한국인의 보행 실태(2010년)

직종	보행 수
사무직 회사원	5,000보
영업직 회사원	8,500보
주부	3,000보
자가용으로 출퇴근하는 CEO	500보
90분 경기 뛰는 축구선수	1만 3,000보

❁ 걷기에 소비되는 에너지 소비량 표

※ 30분 수행 기준/(단위 : kcal)

활동 범주	세부 활동 내용	체 중		
		50kg	70kg	90kg
이동 활동	빠르게 걷기(4.3km, 평면, 딱딱한 바닥)	84	118	151
	매우 빠르게 걷기(7.2km, 평면, 딱딱한 바닥)	184	257	331

* 시속 4km/h의 MET값이 3이기 때문에 시속 4.3km/h의 MET값은 3.2로 추정하였음.

❀ 걷기 외의 신체활동에 소비되는 에너지 소비량 표

※ 각 활동 30분 수행 기준/(단위: kcal)

활동 범주	세부 활동 내용	체중		
		50kg	70kg	90kg
비활동	누워서 TV 보기	26	37	47
	누워 있기, 음악듣기	34	48	61
	잠자기	25	35	45
	서 있기	34	48	61
이동활동	달리기(약 8.0km/h)	218	305	392
	달리기(약 13.8km/h)	323	452	581
	천천히 계단 오르기	105	147	189
	빠르게 계단 오르기	231	323	416
	천천히 자전거 타기(약 16.1~19.2km/h, 약한 강도	179	250	321
	빠르게 자전거 타기(약 22.5~25.6km/h, 고강도)	263	368	473
운동 및 스포츠 활동	격한 웨이트 트레이닝 또는 바디빌딩	158	221	284
	줄넘기	289	404	520
	격렬한 팔굽혀 펴기, 윗몸 일으키기, 매달리기, 팔벌려뛰기	210	294	378
	필라테스	79	110	142
	요가(하타요가)	66	92	118
	수영(여가)	158	221	284
	아쿠아로빅	139	195	250
	배드민턴 시합	184	257	331
	농구 시합	10	294	378
가사활동	청소(진공청소기), 바닥 쓸기, 부엌일, 요리(설거지)	87	121	156
	세차, 창문 닦기	92	129	165
	손세탁	105	147	189
	빨래 널기/걷기	53	74	95
	아이와 놀아주기(걷기/달리기)	92	129	165
	동물과 놀아주기(걷기/달리기)	79	110	142

* 에너지 소비량 산출식 = [MET값 × 3.5ml·kg-1·min-1 × 체중(kg) ÷ 1,000 × 5] × 시간(분)14

* MET(Matabp******) 값은 신체활동 에너지 소비량을 명기하는 척도임

1분에 약 100보(4.3km/h)를 걸으며 걸을 때 대화는 할 수 있으나 노래를 부를 수 없으면 '빠르게 걷기', 1분에 약 160보(7.2km/h)를 걸으며 숨이 차서 대화를 할 수 없거나 말이 끊겨나오면 '매우 빠르게 걷기'에 해당한다.

하루 적정 권장량은 일주일에 빠르게 걷기 최소 150분, 일주일에 최소 매우 빠르게 걷기 75분이다.

4. 항공사 직무별 바른 자세

① 객실 승무직

(1) 공항 이동 시

- 승객들의 시선이 집중되는 경우가 있다. 당당하고 바른 워킹 자세를 취하자.
- 한 손으로 짐가방을 가볍게 쥐고 머리는 중앙에 두고, 시선은 정면을 바라보고 양어깨가 수평이 되도록 한 후 무릎은 살짝 스치도록 걷는다. 다른 한 손은 앞에서 뒤로 자연스럽게 흔들어준다.
- 게이트 대기 시에는 엉덩이를 의자 깊숙이 넣고 앉은 후 두 다리를 모으고 사선방향으로 가지런히 놓는다. 치맛자락을 살짝 눌러준다.

(2) 기내

❶ 웰컴/페어웰(Welcome /Farewell)

- 바른 인사 자세를 기본으로 하되 고객이 드물게 있을 때는 대기 자세와 인사 자세를 반복한다.

❷ 카트 서비스 시

- 서비스 시 카트는 페달을 눌러 락킹(Locking)하고, 고객을 향해 서서 대화를 하거나 서비스 물품을 제공한다.(한 손은 카트를 잡고 다른 한 손으로 음료나 식사를 제공하지 않도록 유의한다.)

- 고객에게 등을 보이는 위치라도 음료나 식사를 고객에게 제공할 때는 고객을 향해 서서 서비스하는 것이 원칙이다.
- 허리를 15도 숙여 최대한 눈높이를 맞추어준다.

❸ 고객과 대화 시

- 고객 응대가 길어질 경우 눈높이 자세를 취한다.(항공사마다 다를 수 있음)

> 🧭 눈높이 자세란? 통로 쪽 무릎은 세우고 다른 쪽 무릎은 바닥에 두어 고객과 눈높이를 맞추는 자세로 앉은 후에는 치맛자락을 살짝 눌러줘야 한다.

❹ 통로(Aisle)에서 걸어다닐 때

- 걸음은 가볍고 경쾌하게 걷는다.
- 바쁜 일이 있어도 절대 뛰지 않는다.(표정과 자세는 여유 있게 유지)
- 통로 측 승객에게 방해가 되지 않도록 주의한다.
- 업무에 지치더라도 어깨가 처지지 않게 바른 자세를 유지한다.
- 구두를 끌면서 걷지 않는다.
- 팔자걸음으로 걷지 않는다.

❺ 어퍼덱(Upperdeck)에 오르고 내릴 때

여자
- 상체를 곧게 펴고 2/3나 1/2 정도의 무게 중심으로 발을 디뎌 벽 쪽으로 걷되 사선이 되도록 한다. 치맛자락을 가볍게 누른다.

남자
- 상체를 곧게 펴고 2/3나 1/2 정도의 무게 중심으로 발을 딛는다. 역시 큰 소리나 먼지가 나지 않도록 유의한다.

❻ 점프시트(Jump seat)에 앉을 때

- 앉기 전 바로 앞 승객과 간단한 인사말을 건넨다.
- 점프시트를 두 손으로 내리고 바른 자세로 앉는다.(이착륙 시에는 비상상황에 대비한 자세를 취함)

- 다리를 꼬거나 기내화를 벗는 등의 행동은 하지 않는다.
- 동석한 승무원과 잡담하지 않는다.

> **Tip!** 출퇴근 시 이런 행동은 No!
> - 승무원용 가방(Crew bag)에 몸을 기대고 있는 행동
> - 짝다리로 서 있는 행동
> - 팔짱을 끼고 있는 행동
> - 차 안에서 화장 고치는 행동
> - 차 안에서 큰 소리로 휴대폰 통화하는 행동
> - 껌을 씹는 행동

❀ 기내 작업환경과 요통의 관계

한 연구에서 기내 작업활동에 따른 요통 위험요인을 파악하였다. 과도한 힘주기, 고도의 반복된 작업, 불편한 자세나 동작 등이 요통의 원인이 된다. 기내에서 요통을 가장 많이 유발시키는 요인을 보면 다음과 같다.

작업환경 1(비행 전 업무) : 신문 뭉치 들어올리기
- 높이 : 바닥에서 들어올릴 경우 72cm
- 거리 : 신문 세팅을 위한 이동거리 30~40cm
- 빈도 : 평균 1일 2회
- 초기 들기에 가해진 값 : 신문 뭉치 1개당 7kg

작업환경 2 : 비행기 도어 닫기
- 높이 : 135cm
- 거리 : 2.1m
- 빈도 : 1일 1~2회
- 초기 당기기에 가해진 값 : 22kg(바른 자세가 아닐 경우 30kg)

작업환경 3 : 밀카트(Meal cart) 밀고 당기기
- 밀고 당기는 거리 : 15m
- 밀카트 높이 : 약 89cm

- 이동거리 : 2.1m 이내
- 초기 당기기에 가해진 값 : 약 5.5kg~17kg

여성근로자의 경우 취급 중량물이 15kg을 넘지 않도록 노동부에서 권고하고 있는 점을 감안할 때 좁은 기내에서 작업 시 무거운 물건을 들 때나 허리 구부림 등에는 주의가 필요하다.

또한 본 연구에서는 근무 연수가 적을수록 요통 발생위험이 높은 것으로 나타나 업무가 서툰 신입승무원들의 작업 시 바른 자세가 더욱 중요하다.

 **근무 시 요통 예방**

- 무거운 물건을 들 때 : 허리를 숙일 때 부담을 최소화하기 위해 물건을 들 때 무릎도 같이 구부려 자세를 낮추어 허리에 순간적으로 무리한 힘이 가해지지 않도록 한다.
- 무거운 것을 밀고 당길 때 : 힘을 주어 한 손으로 당길 경우 허리에 무리가 가기 때문에 두 손을 이용하여 허리는 바르게 편 상태에서 천천히 밀고 당긴다.

---

❷ 발권직

- 고객 입장 시 인사 후 대기 자세
- 승객 착석 후 앉는 자세로 바르게 착석(뒤의 의자 확인, 치맛자락 정리하면서 착석)
- 발권 시, 허리는 곧게 세우고 의자 등받이와 허리 사이에 주먹 하나 들어갈 정도로 앉아준다. 다리를 꼬지 않도록 주의한다.

❸ 운송직

- 앉아 있을 경우 표정은 밝게, 허리는 곧게 세우고, 의자 등받이와 허리 사이에 주먹 하나 들어갈 정도로 앉아준다.
- 무빙 워크로 공항 이동 시, 한 손으로 손잡이를 가볍게 잡고, 허리를 곧게 세우며 시선은 정면을 바라본다.
- 전동차로 공항 이동 시, 안전을 우선으로 하되 되도록 허리를 곧게 세우고, 다리를 모으고 앉는다.

목과 허리의 통증… '비행 척추피로 증후군'

해외로 휴가를 다녀온 뒤 삭신이 쑤신다는 남녀가 많다. 목과 허리가 특히 아프다. 대개 비행기 탓이다. 비좁은 여객기 좌석에 오래 앉아 생기는 후유증인 '비행 척추피로 증후군'이다.

여행가방은 무겁고, 항공기 안에서 장시간 잘못된 자세로 잠을 자고, 좁은 자리에 몸을 구겨넣다시피 한 탓에 척추에 이상이 온 것이다.

짐을 줄여야 한다. 무거운 가방을 비행기 짐칸에 넣으려다 급성 요추 염좌에 걸려들 수 있다. 허리가 삐끗하면서 디스크가 탈출한다. 짐의 무게로 바퀴가 제대로 굴러가지 않는 가방의 중심을 잡으려고 순간적으로 힘을 줘도 허리 주변 근육이 긴장된다.

자생한방병원 척추디스크센터 김용세 원장은 "비행기 탑승 시 생길 수 있는 질환으로 흔히 이코노미클래스 증후군을 떠올리지만 실제로는 탑승 시뿐만 아니라 탑승일 전후 척추를 잘 관리해야 한다. 특히 척추질환자의 경우 장시간 비행기를 탈 경우 증상이 더욱 심해질 우려가 있으므로 비행 척추피로 증후군을 경계하는 것이 바림직하다"고 밝혔다.

비행 후 근골격계 피로는 대부분 새우잠 때문이다. 다리를 충분히 뻗을 수 있도록 발 아래 공간을 비워야 한다. 승무원에게 작은 쿠션을 얻어 목, 허리 뒤에 괴면 바른 자세로 잠을 청할 수 있다. 쿠션이 없다면 수선을 돌돌 말아 목 뒤에 받쳐도 도움이 된다. 의자 아래 발판을 이용, 두 발목을 수시로 움직이고 목을 좌우로 까딱거려도 긴장된 근육이 풀린다. 통로를 걸어도 좋다. 줄곧 가만히 앉아 있는 것보다 덜 피로하다.

휴가 이후 척추피로 누적을 예방하려면 완충 시간을 가져야 한다. 시차, 피로감으로 종일 잠을 자거나 누워 지내면 나쁘다. 피로가 가중된다. 척추는 균형적 이완과 수축 작용을 필요로 한다. 적당한 휴식은 긴장된 근육을 이완하는 효과가 있다. 하지만 과도한 휴식이나 잘못 고정된 자세가 오래 지속되면 근육 이완은커녕 되레 척추가 경직돼 통증을 가속화한다. 밤에 자기 전 따뜻한 물로 샤워, 척추 피로를 씻고 수면 시간은 평소보다 1, 2시간 정도만 늘려야 한다.

목이나 허리를 가누기 힘들 지경으로 통증이 심하면 일단 온찜질로 근육을 이완한다. 혈액순환이 원활해져 통증이 준다. 뜨거운 물수건, 샤워기 온수 마사지, 따뜻한 물 욕조욕도 권할 만하다. 욕조에 등을 대고 앉아 다리와 팔을 쭉 편 후 양손으로 양 무릎을 당겨 가슴께에 댄다. 이어 한 다리씩 번갈아 가슴 쪽으로 끄는 동작을 3회 이상 반복한다. 요통을 완화시키고 전신의 긴장을 풀어주어 편안한 수면을 가능케 하는 욕조 스트레칭이다.

찐 늙은호박을 으깨어 거즈에 바르는 호박온습포도 요통을 덜어준다. 호박에는 혈액순환을 촉진하는 성분이 들어 있다. 소 사골국, 도가니탕도 몸이 정상을 되찾는 데 이롭다.

출처 : 뉴시스 신동립 기자, reap@newsis.com

항공사 직원의
퍼스널 이미지 전략

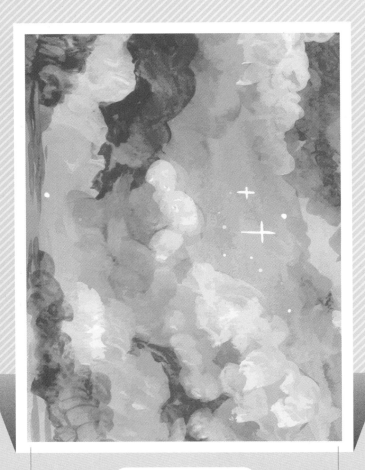

Chapter 10

커뮤니케이션 스킬

학습목표

고객 응대를 위한 호감을 주는 음성 연출과
상황별·업무별 효과적인 대화법에 대해 알고
이를 실습할 수 있다.

- 대화할 때 눈을 마주하는 건 기본입니다. 한국인들은 이런 경우 괜찮은가요? 외국인들이 보면 상당히 기분 나빠할 겁니다. 무시하는 걸로 해석하니까요.
- 우리 아이가 앉은 좌석 등받이 스위치가 작동이 안 되어 승무원을 부르니, "원래 그랬어요? 처음부터요?"라고 의아해했습니다. 제가 생각하기로는 "불편을 끼쳐드려 죄송합니다."라는 인사말이 우선되어야 하는 게 아닌지….
- 기내판매 승무원들은 그냥 지나쳐가려 하더군요. 그래서 "잠깐만요"라고 불렀더니 "물건 사실 거예요?"라며 짜증 섞인 목소리를 내더군요… 추가로 주문할 물건을 말하려 하는데 제 말을 잘라버리더니 계산 중이니 기다리라고 하네요.
- 가장 큰 문제는 전문성이 떨어진다는 것입니다. 승객이 뭔가 부탁을 하면 최대한 바로 들어줘야 함에도 불구하고 대답만 잘하고 사라지더군요. 제 말은 듣긴 들은 건가요?
- 기내에 들어서는 순간 우리 짐을 보면서, "그거 물 새는 거 아니에요? 물 새는 거면 위에 올리면 안 돼요"라고 명령하듯 재촉하더군요.
- 밤 비행이라 정말 조용히 쉬고 싶었는데 유난히 크고 거친 승무원의 목소리 때문에 쉬기 힘들었습니다. 좀 조용히 식사 서비스하시면 안 될까요?

고객 불만 사례 중

고객에게 가장 많이 컴플레인을 받는 원인 중의 하나가 바로 대화, 말씨에 관한 것이다.

대화는 서로의 마음을 나누는 기회이며 이해의 폭을 넓혀주는 계기를 마련해주는 장치이다. 인간은 사회적 동물이며 서로 간의 교류, 즉 커뮤니케이션 없이는 살아갈 수 없는 존재이므로 대화는 사회생활에 있어서 반드시 필요하다. 특히, 직장에서는 개인과 개인 간의 의사소통뿐 아니라 조직의 서비스의 품질까지 결정짓는 중요한 요소이다. 단정한 외모를 갖고 있다 하더라도 대화를 시작하는 순간 거친 목소리와 거친 말의 내용은 상대방에게 긍정적 이미지를 줄 수 없다. 따라서 바른 언어습관은 원만한 대인관계뿐만 아니라 나아가 서비스 제공자로서 고객이 만족하는 서비스를 제공하기 위한 것으로 평소에 공손하고 예의 바른 언어습관을 가질 수 있도록 노력해야 한다.

이번 장에서는 좋은 서비스와 이미지 형성을 위한 커뮤니케이션 대화법에 대해 알아보자.

1. 좋은 이미지 형성을 위한 목소리 훈련

음성에도 표정이 있다. 고객에게 호감을 주는 웃는 표정과 같이 상대방을 기분 좋게 만드는 밝고 긍정적인 목소리를 만들어보자.

목소리는 다음과 같이 전달된다.

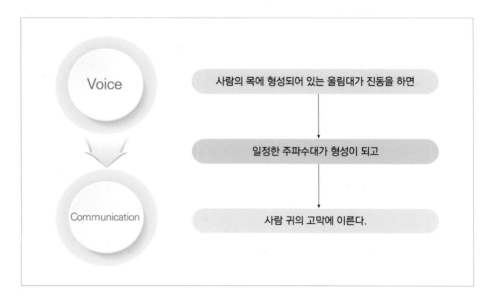

좋은 목소리와 나쁜 목소리는 특정한 목적을 위해 목소리를 사용하는 다양한 사회적 상황 속에서 목적수행의 효과 및 효율성을 기준으로 구별된다.

우리가 일상생활에서 느낄 수 있는 목소리는 다음과 같다.
- 연설자 : 청중이 긴장하도록 톤을 높인 강한 목소리
- 카운슬러, 컨설턴트 : 안정감을 주어야 하기 때문에 부드럽고 중성적인 목소리
  (낮고 부드러운 목소리)
- 홈쇼핑 쇼호스트 : 매우 높은 톤의 목소리(톤을 다양하게 변화하면서 속도를 빠르게 한다.)

그렇다면 항공사 직원이 되기 위한 우리는 어떤 목소리를 갖도록 노력해야 할까?

음성을 좌우하는 요소는 다음과 같다.

구분	분 석 내 용
어감	Tone, 감정이나 느낌
억양	Inflection, 말의 강조 혹은 강화를 위한 음절
음률	Pitch, 목소리의 높낮이와 깊이
속도	Rate, 분당 단어의 수
볼륨	Volume, 목소리의 크기와 부드러운 정도
정확	Accurate, 발음의 정확도

음성은 많은 요인에 의해 변화되고 있다. 외부 요인으로는 계절에 따라 음성이 변하기도 하고 나이, 시간대, 지역 등에 따라서도 변화된다. 내부 요인으로는 유전적 요인, 심리적 요인, 호흡, 자세, 청력 등이 있지만 고객 응대 시에는 이러한 요인들을 극복하고 일관된 자신만의 목소리를 만들어야 한다.

① 나의 목소리 알기

우선, 현재의 자신의 목소리를 분석해보자. 더불어 타인의 목소리도 객관적으로 분석해보자.

✿ 실습해봅시다!

방법 : ❶ 녹음할 수 있는 기기를 준비한다.(스마트폰 등)

❷ 다음의 글을 평소의 자기 음성으로 이야기하듯 읽으면서 녹음을 한다.

❸ 녹음한 것을 들어보면서 〈음성체크 sheet 1〉에 '1~5'까지 √ 체크한다.

❹ 3인 1조로 조를 이룬다.(상황에 따라 여러 명으로 조를 이루어도 된다.)

❺ 상대방이 녹음한 것을 들으며 〈음성체크 sheet 2, 3〉에 '1~5'까지 √ 체크한다.

sample

매일 아침 당신에게 8만 6,400원을 입금해주는 은행이 있다고 상상해보세요.

그 계좌는 당일이 지나면 잔액이 남지 않습니다. 당신이라면, 어떻게 하시겠어요? 당연히! 그날 모두 인출해야죠. 시간은 우리에게 마치 은행과도 같습니다. 매일 아침 우리는 8만 6,400초를 부여받고, 매일 밤 우리가 좋은 목적으로 사용하지 못하고 버려진 시간은 그냥 없어져버릴 뿐이죠. 잔액은 없습니다. 더 많이 사용할 수도 없어요. 매일 아침, 은행은 당신에게 새로운 돈을 넣어주죠. 매일 밤, 그날의 남은 돈은 남김없이 불살라집니다. 내일로 연장시킬 수도 없습니다. 단지 오늘 현재의 잔고를 갖고 살아갈 뿐입니다. 한 시간의 가치가 궁금하면 사랑하는 이를 기다리는 사람에게 물어보세요. 일 분의 가치는 열차를 놓친 사람에게, 일 초의 가치는 아찔한 사고를 순간적으로 피할 수 있었던 사람에게, 천 분의 일 초의 소중함은 아깝게 은메달에 머문 육상선수에게 물어보세요. 당신이 가지는 모든 순간을 소중히 여기십시오.

시간은 아무도 기다려주지 않는다는 평범한 진리, 어제는 이미 지나간 역사이며, 미래는 알 수 없습니다. 오늘이야말로 당신에게 주어진 선물이며, 그래서 우리는 현재를 선물이라고 부릅니다.

❀ 〈음성체크 sheet 1〉 나의 목소리는?(이름 _____)

밝은	—— 1 —— 2 —— 3 —— 4 —— 5 ——	어두운
리듬이 있는	—— 1 —— 2 —— 3 —— 4 —— 5 ——	단조로운
부드러운	—— 1 —— 2 —— 3 —— 4 —— 5 ——	딱딱한
발음이 정확한	—— 1 —— 2 —— 3 —— 4 —— 5 ——	정확하지 않은
높은	—— 1 —— 2 —— 3 —— 4 —— 5 ——	낮은
속도가 빠른	—— 1 —— 2 —— 3 —— 4 —— 5 ——	느린
목소리가 큰	—— 1 —— 2 —— 3 —— 4 —— 5 ——	작은

❀ 〈음성체크 sheet 2〉 타인의 목소리는?(이름 _____)

밝은	— 1 —	2 —	3 —	4 —	5 —	어두운
리듬이 있는	— 1 —	2 —	3 —	4 —	5 —	단조로운
부드러운	— 1 —	2 —	3 —	4 —	5 —	딱딱한
발음이 정확한	— 1 —	2 —	3 —	4 —	5 —	정확하지 않은
높은	— 1 —	2 —	3 —	4 —	5 —	낮은
속도가 빠른	— 1 —	2 —	3 —	4 —	5 —	느린
목소리가 큰	— 1 —	2 —	3 —	4 —	5 —	작은

❀ 〈음성체크 sheet 3〉 타인의 목소리는?(이름 _____)

밝은	— 1 —	2 —	3 —	4 —	5 —	어두운
리듬이 있는	— 1 —	2 —	3 —	4 —	5 —	단조로운
부드러운	— 1 —	2 —	3 —	4 —	5 —	딱딱한
발음이 정확한	— 1 —	2 —	3 —	4 —	5 —	정확하지 않은
높은	— 1 —	2 —	3 —	4 —	5 —	낮은
속도가 빠른	— 1 —	2 —	3 —	4 —	5 —	느린
목소리가 큰	— 1 —	2 —	3 —	4 —	5 —	작은

목소리 분석을 해보았다면 자신의 장점과 보완해야 될 점을 알게 되었을 것이다. 이를 정리해보자.

이 름	장 점	보완점

2 음성훈련

- 목소리 풀기(Warm up) - 복식호흡, 발성법
- 목소리 강화(Empower) - 발음의 정확성, 다양한 톤의 발견, 장소와 상황에 따른 목소리의 차별적 사용
- 목소리 연출(Design) - 감성 연출

(1) 기본 자세

- 발을 어깨너비만큼 벌리고, 오른손잡이는 왼발을, 왼손잡이는 오른발을 약간 앞으로 내밀고 선다.
- 등, 허리를 꼿꼿하게 편다.
- 가슴은 자연스럽게 편다. 너무 활짝 펴 근육이 경직되지 않도록 한다.
- 편안하게 아랫배가 살짝 처지도록 마음을 내려놓는다.

(2) 목소리 풀기(경락 두드리기)

❶ 엉덩이와 허벅지 바깥쪽-무릎 주변-발목 위를 순차적으로 두드려준다.

❷ 겨드랑이 옆을 위에서 아래까지 두드린다(양쪽을 차례대로 한다).

❸ 양쪽 가슴 위쪽을 차례로 두드린다.

❹ 머리를 전체적으로 부드럽게 두드리거나 마사지한다.

❺ 2명이 짝을 지어 상대방의 목 뒤에서부터 등과 허리까지 부드럽게 두드리며
   풀어준다.

❻ 기지개를 켠다.

(3) 목소리 풀기(복식호흡 훈련)

❶ **기본**

- 숨 쉬기 편안한 자세를 취한다.
- 아랫배로 숨을 천천히 들이마시고 천천히 뱉는다.
- 가슴뼈가 움직이면 가슴을 움직이지 않도록 한다.
- 아랫배로 숨을 밀어넣는다는 의도적인 느낌을 지속한다.
- 코로 들이쉬고, 내쉴 때는 부드럽게 끊어지지 않는 숨으로 코와 입으로 내
  쉰다.

> 🧭 복식호흡은 들숨일 때 배가 나오며 날숨일 때 배가 들어간다. 반대의 현상이 나타날
> 경우 흉식호흡을 하는 것이다. 한 손은 아랫배, 한 손은 가슴 위에 얹어 호흡의 들숨,
> 날숨을 느끼면서 자신이 복식호흡을 하는지 확인을 할 수 있다. 다음 복식호흡 훈련
> 을 해보자.

❷ **복식호흡 훈련 1**

- 의자에 앉아 상체를 젖히며 8초간 숨을 들이마신 후 8초간 허리를 굽혀 천천
  히 숨을 쉰다.
- 풍선 불기 : 풍선을 한 개씩 준비하여 복식호흡으로 풍선을 불어보자.
- 4초, 6초, 8초로 나누어 호흡을 유지해보자.

③ 복식호흡 훈련 2

- 발을 살짝 벌리고 어깨를 편 기본 자세로 선다.
- 숨을 코로 들이마신 후 '하' 하면서 숨이 멈출 때까지 길게 내쉰다.
- 4초간 공기를 들이마시고, 8초간 내쉰다.
- 4초간 공기를 들이마시고 4초간 호흡을 멈춘 후, 4초간 내쉰다.
- 2초간 공기를 들이마시고, 4초간 내쉰다.
- 빠르게 들이마시고 내쉰다.

④ 복식호흡 훈련 3

- 숨을 코로 들이마신 후 3초간 천천히 '스~' 하며 공기를 내쉰다.
- 숨을 들이마신 후 5초간 천천히 '스~' 하며 공기를 내보낸다.
- 숨을 들이마신 후 10초간 천천히 '스~' 하며 공기를 내보낸다.

⑤ 복식호흡 훈련 4

- '츠, 크, 트' 발음하기 : 두성으로 소리가 나도록 '츠, 크, 트' 발음을 한다. 이때 배가 안으로 들어가도록 살짝 힘을 주어 발음한다.

 **Tip!** 평상시 호흡 훈련

윗몸 일으키기
- 목소리의 길이와 깊이는 복근의 힘과 비례하므로, 자신에게 맞는 횟수(약간 무리가 간다 싶은 정도)로 5~7회 반복한다.

반복해서 노래 부르기
- 호흡의 연장 효과를 위한 훈련이다. 같은 노래를 쉬지 않고 20번 이상 부르면 호흡 능력이 향상된다.

걷기 호흡법
- 숨을 들이마신 뒤 천천히 숨을 내쉬면서 걷는다. 10걸음, 20걸음, 30걸음 반복훈련을 통해 한 번의 숨으로 걸을 수 있는 횟수가 많아질수록 호흡 능력이 향상된다.

풍선 터뜨리기
- 긴 호흡을 위해 필요한 훈련이다. 특히, 복부 깊은 곳에서 끌어올리는 호흡이기에 복근을 단련시키는 데 효과가 있다. 뇌혈관이 좋지 않은 사람은 피하는 것이 좋다.

개구리 호흡법
- 편안한 자리에 등을 대고 누워 두 발바닥을 겹쳐서 배쪽으로 당겨 올린다. 손으로 바짝 끌어올린다. 그다음 호흡을 하게 되면 흉식호흡 없이 배로만 숨을 쉬게 된다.

---

(4) 목소리 풀기(발성훈련)

· 수평보다 약간 위를 본다.

· 좀 높은 소리로 '음~' 하고 소리를 낸다.

· 소리의 강도를 높이면 코가 떨리는 것을 알 수 있다.(코가 소리에 공명하는 것)

· 이때 적당한 순간에 입을 열어주면 자연스럽게 '마아~' 하는 소리로 전환되며 소리가 아주 쉽게 멀리 퍼져나가게 된다.

　- 음~~아

　- 음~~아~~에

　- 음~~아~~에~~이

　- 음~~아~~에~~이~~오

　- 음~~아~~에~~이~~오~~우

 **Tip!** 평상시 발성 훈련

서서 하는 근육 훈련

· 고개가 꺾이지 않게 책을 눈앞에 두고 입에 나무젓가락을 문다. 그 상태에서 한쪽 다리를 올린 채, 책 한두 페이지를 또박또박 큰 소리로 끊어 읽는다.

· 10분 정도 읽고, 다시 1분 정도 쉬었다가 5회를 반복한다. 이번에는 다리를 뒤로 빼고 앞의 과정을 반복한다.

앉아서 하는 근육 훈련

· 의자에 편안히 앉아 한쪽 다리를 든다. 그 상태로 입에 나무젓가락을 물고 책을 읽는다.

누워서 하는 근육 훈련

· 알맞은 베개를 베고 눕는다. 편안하게 마음을 내려놓고 한쪽 다리를 들어올린다.

· 그 상태에서 소리 내어 책을 읽는다. 매일 10~15분가량 연습한다.

웃으면서 책 읽기

· 웃으면 볼 근육이 땅기며 자동적으로 코로 숨을 쉬게 되어 두성이 나게 된다.

---

(5) 목소리 강화

목소리 풀기를 하였다면 다음 단계로 목소리 강화 훈련을 해보자.

발음기관 및 근육을 이완해보자.

· 입술 : '푸푸푸푸', '푸우우우' 하면서 입술 오므렸다 펴기

- 혀 : 껌 씹듯이 씹어본다. '아요요요' 하면서 혀를 빠르게 움직인다.
- 뺨 : 입속에 공기 넣어 좌·우 움직여본다.

① 발음 연습

❀ 예문 1

루-샬 로-셀 리-셀 르-슬

각-파 객-퍼 걱-피 격-파

어-열 아-얄 어-욜 아-율

뭄-찐 몽-친 몬-쫀 문-칭

랏-쎌 럿-쎌 롯-쏠 랫-쏠

킬-쑥 캘-쏙 컬-씩 클-쏙

얄-토우 앨-투오 열-티이 욜-티오

야키-틸 여크-탤 애캐-털 요캐-틀

짜리-쿨 쩌래-콜 째료-캘 찌려-클

❀ 예문 2

❶ 간장 공장 공장장은 강 공장장이고, 된장 공장 공장장은 공 공장장이다.

❷ 우리 집 옆집 앞집 뒤 창살은 홑겹 창살이고, 우리 집 뒷집 앞집 옆 창살은 겹 홑창살이다.

❸ 저분은 백 법학박사이고 이분은 박 법학박사이다.

❹ 저기 가는 저 상장사가 새 상 상장사냐 헌 상 상장사냐.

❺ 중앙청 창살은 쌍창살이고, 시청 창살은 외창살이다.

❻ 내가 그린 기린 그림은 잘 그린 기린 그림이고, 네가 그린 기린 그림은 못 그린 기린 그림이다.

❼ 들의 콩깍지는 깐 콩깍지인가 안 깐 콩깍지인가, 깐 콩깍지면 어떠냐 안 깐 콩깍지면 어떠냐, 깐 콩깍지나 안 깐 콩깍지나 콩깍지는 다 콩깍지인데.

❽ 작년에 온 솥 장수는 새 솥 장수이고, 금년에 온 솥 장수는 헌 솥 장수이다.

❾ 상표 붙인 큰 깡통은 깐 깡통인가? 안 깐 깡통인가?

❿ 내가 그린 기린 그림은 수 기린 그림이고, 네가 그린 기린 그림은 암 기린 그림이다.

⑪ 강원도 양양군 양양면 양양리 양양 양장점네 양양양.

⑫ 생각이란 생각하면 생각할수록 생각나는 것이 생각이므로 생각하지 않는 생각이 좋은 생각이라 생각한다.

⑬ 멍멍이네 꿀꿀이는 멍멍 해도 꿀꿀 하고, 꿀꿀이네 멍멍이는 꿀꿀 해도 멍멍하네.

⑭ 저기 있는 말뚝이 말 맬 말뚝이냐, 말 못 맬 말뚝이냐.

⑮ 옆집 팥죽은 붉은 팥죽이고, 뒷집 콩죽은 검은 콩죽이다.

⑯ 경찰청 쇠창살 외철창살, 검찰청 쇠창살 쌍철창살

⑰ 경찰청 창살 쇠창살은 쌍쇠창살이고, 검찰청 창살 쇠창살은 외쇠창살이다.

⑱ 고려고 교복은 고급 교복이고 고려고 교복은 고급 원단을 사용했다.

⑲ 저기 저 뜀틀이 내가 뛸 뜀틀인가 내가 안 뛸 뜀틀인가.

⑳ 한국관광공사 곽 관광 관광과장

❷ **강세 연습**

<u>나는</u> 매일 영단어 50개를 외웁니다.

나는 <u>매일</u> 영단어 50개를 외웁니다.

나는 매일 <u>영단어</u> 50개를 외웁니다.

나는 매일 영단어 <u>50개를</u> 외웁니다.

나는 매일 영단어 50개를 <u>외웁니다.</u>

❸ **말의 속도 연습**

매일 아침 당신에게 8만 6,400원을 입금해주는 은행이 있다고 상상해보세요. 그 계좌는 당일이 지나면 잔액이 남지 않습니다. 당신이라면, 어떻게 하시겠어요? 당연히! 그날 모두 인출해야죠. 시간은 우리에게 마치 은행과도 같습니다. 매일 아침 우리는 8만 6,400초를 부여받고, 매일 밤 우리가 좋은 목적으로 사용하지 못하고 버려진 시간은 그냥 없어져버릴 뿐이죠. 잔액은 없습니다. 더 많이 사용할 수도 없어요. 매일 아침, 은행은 당신에게 새로운 돈을 넣어주죠. 매일 밤, 그날의 남은 돈은 남김없이 불살라집니다. 내일로 연장시킬 수도 없습니다. 단지 오늘 현재의 잔고를 갖고 살아갈 뿐입니다. 한 시간의 가치가 궁금하면 사랑하는 이를 기다리는 사람에게 물어보세요. 일 분의 가치는 열차를 놓친 사람에게, 일 초의 가치는 아찔한 사고를 순간적으로 피할 수 있었던 사람에게, 천분의 일 초의 소중함은 아깝게 은메달에 머문 육상선수에게 물어보세요. 당신이 가지는 모든 순간을 소중히 여기십시오.

시간은 아무도 기다려주지 않는다는 평범한 진리, 어제는 이미 지나간 역사이며, 미래는 알 수 없습니다. 오늘이야말로 당신에게 주어진 선물이며, 그래서 우리는 현재를 선물이라고 부릅니다.

➔ 적당한 말의 속도는 1분에 360자 정도가 적당하며 띄어쓰기, 쉼표는 한 자로, 마침표와 느낌표 등은 두 자로 계산한다.

(6) 목소리 연출

목소리를 강화시켰다면 그다음 단계로 다양한 목소리를 연출해보자. 연출할 수 있는 5가지는 크게 다음과 같다.

- 차분한 목소리 : 심야 라디오 방송에서 듣는 듯한 목소리를 상상하면 된다. 고객이 감정적인 동요가 있을 때 상대방을 안심시키고 상대방의 심신을 안정시킬 수 있다.
- 열정적 목소리 : 긍정적 에너지가 넘치며 고객이 원하는 것을 기꺼이 제공할 수 있다는 확신에 찬 목소리이다.
- 카리스마적 목소리 : 비행 중 위기 상황이 발생했을 때 고객들을 안전하게 응대할 수 있다는 강한 리더십이 연출되어야 한다.
- 우아한 목소리 : 일반 상황에서 연출할 수 있는 목소리다. 항공사 직원으로서 품위 있는 목소리로 연출한다.
- 지적인 목소리 : 감정에 치우치지 않고 사실을 객관적으로 이야기하고 업무를 정확히 파악하고 있다는 신뢰를 주는 목소리로 연출한다.

다음 예문으로 각 목소리를 연출해보자.

① 차분한 목소리

선물 /나태주

하늘 아래 내가 받은

가장 큰 선물은

오늘입니다

오늘 받은 선물 가운데서도

가장 아름다운 선물은

당신입니다

당신 나지막한 목소리와

웃는 얼굴, 콧노래 한 구절이면

한 아름 바다를 안은 듯한 기쁨이겠습니다

먼 길 /나태주

함께 가자

먼 길

너와 함께라면

멀어도 가깝고

아름답지 않아도

아름다운 길

나도 그 길 위에서

나무가 되고

너를 위해 착한

바람이 되고 싶다

외눈박이 물고기의 사랑 /류시화

외눈박이 물고기처럼 살고 싶다

외눈박이 물고기처럼

사랑하고 싶다

두눈박이 물고기처럼 세상을 살기 위해

평생을 두 마리가 함께 붙어 다녔다는

외눈박이 물고기 비목처럼

사랑하고 싶다

우리에게 시간은 충분했다 그러나

우리는 그만큼 사랑하지 않았을 뿐

외눈박이 물고기처럼

그렇게 살고 싶다

혼자 있으면

그 혼자 있음이 금방 들켜 버리는

외눈박이 물고기 비목처럼

목숨을 다해 사랑하고 싶다

❷ **열정적 목소리 :** 감정을 감동으로 바꿀 수 있도록 해야 한다.

악보만으론 별게 아니었어. 시작은 아주 단조롭고 코믹한 것에 불과했어….

조용히 들려오는 바순과 바셋호른 소리….

마치 녹슨 아코디언 같은, 갑자기 오보에의 높은 음이 들려오더니 그 여음이

사라지기도 전에 클라리넷의 감미로운 톤으로 끌고 갔지.

감미로운 그 소리가 점점 환희로 바뀌어갔어.

결코 흉내나 내는 원숭이와 같은 작품이 아니었소.

적어도 내겐 과거에 한 번도 들어보지 못한 환상의 소리가 가득한 곡이었어.

동경으로 가득 차 있었어. 마치 신의 음성을 듣는 것 같았지.

그러나, 왜? 왜 신은 그런 망나니 녀석을 당신의 악기로 선택하셨을까?

말도 안 되는 거였소. 그건 정말 실수였을 거요. 틀림없이!

악보상으로는… 별것 아닌 것 같았는데….

- 영화 아마데우스 중 -

❸ **카리스마적 목소리** : 듣는 이를 사로잡는 힘이 있어야 한다.

　나는 오늘 여러분이 준 신뢰에 감사하며 선조의 희생을 되새기며 우리의 과제 앞에 겸허히 섰습니다.

　우리는 지금 위기에 처해 있습니다. 우리는 증오와 폭력의 조직과 전쟁 중입니다. 우리의 경제는 탐욕과 무책임의 결과이자 새 시대를 제대로 대비하지 못하고 과단성 있는 선택을 하지 못한 탓에 어려운 상황에 놓여 있습니다. 집값이 내려가고 일자리가 사라지고 여러 사업장이 문을 닫았습니다. 건강보험은 너무나 비싸고 교육은 많은 곳에서 실패했습니다. 그러나 더욱 중요한 문제는 국가 전체적으로 자신감을 잃어가고 있다는 것입니다.

　여러분, 오늘 우리가 직면한 도전은 실제상황입니다. 그것은 심각하고 헤아릴 수 없이 많습니다. 쉽게 짧은 시간에 극복될 수 없는 문제입니다. 그러나 우리는 할 수 있다는 점을 명심하십시오.

　우리는 두려움보다는 희망을, 갈등과 반목보다는 단결을 선택해 오늘 이 자리에 모였습니다. 사사로운 불만과 허황한 약속, 그리고 우리 정치사에서 오랫동안 계속됐던 반목과 낡아빠진 도그마들의 종식을 선언하기 위해 이 자리에 왔습니다.

　(중략)

　올겨울 우리는 다 함께 어려운 시절을 맞았습니다. 건국의 아버지들이 외우던 구절을 다시 상기합시다. 희망과 덕목을 지니고 한번 더 한파를 뚫고 폭풍을 견디며 나아갑시다. 후손들에게 우리가 시험에 직면했을 때 좌절하지 않고 저 먼 곳의 희망의 지평선과 신의 축복을 응시하면서 전진해나갔다고 말할 수 있도록 노력합시다. 미래세대에게 자유라는 위대한 선물을 안전하게 전달해주기 위해 전진해나갔다고 얘기할 수 있도록 노력합시다.

- 미국 오바마 전 대통령 연설문 중-

❹ **우아한 목소리** : 품위 있어야 한다.

누군가에게 길이 든다면 서로가 필요하게 되는 거래.
길이 든 여우는 평범한 여우가 아니지.
그 많은 여우 중 어린왕자의 여우는 단 한 마리뿐이거든….
생각해봐. 나한테 너는 세상에서 단 하나밖에 없는 아이가 되고, 너한테는 내가 세상에서 단 하나밖에 없는 아이가 되는 거야.

누군가를 사랑한다는 건… 누군가에게 길들여진다는 건… 멋진 기분일 거야.

나에게 말해줘. 내가 필요하다고. 너만의 장미가 되어줄게.

네가 오후 네 시에 온다면 난 세 시부터 행복해지기 시작할 거야.

그리고, 시간이 지나면서 나는 점점 행복해지겠지?

❺ 지적인 목소리 : 상쾌하고 간결하게해야 한다.

오늘 오전 10시 58분쯤, 일본 고치(高知)현 앞바다에서 일본 해상자위대 소속 잠수함 '소류(Soryu)'와 민간 상선이 충돌하는 사고가 발생했습니다.

이 사고로 잠수함 승무원 3명이 타박상 등 가벼운 부상을 입은 것으로 알려졌습니다.

사고 당시 잠수함은 훈련을 위해 수면 위로 부상하던 중 잠망경 등 선체 일부가 상선과 충돌해 손상됐지만, 항행에는 지장이 없는 것으로 전해졌습니다.

이와 관련해 일본 정부 대변인인 가토 가쓰노부(加藤勝信) 관방장관은 오늘 오후 기자회견에서 "해상보안청이 상선 측에 연락한 결과, '선체에 타격이 없을 것으로 보인다'는 답변을 들었다."고 밝혔습니다.

일본 정부는 총리관저 위기관리센터에 정보연락실을 설치해 자세한 사고 경위와 피해 상황을 파악하고 있습니다.

독일 연방식품농업부 앞 도로에 트랙터들이 길게 주차돼 있습니다. 정부의 농업 정책에 항의하기 위해 독일 전 지역에서 몰려든 트랙터 600대 중 일부입니다. 식품농업부 앞에 집결한 트랙터는 100대 안팎, 나머지는 베를린 시내 곳곳 중요 포인트에 분산돼 시위를 벌였습니다.

지난달 26일부터 31일까지 진행된 시위에서 농민들은 베를린으로부터 멀게는 800km 정도 떨어진 지역에서 트랙터를 직접 운전하고 왔습니다. 농민들의 요구 사항은 크게 두 가지 정도로 압축됩니다. 농가 보조금 인상과 친환경농업 패키지 법안의 유예입니다. 농가 보조금 인상은 사전적 의미 그대로 이해되지만 '친환경농업정책의 유예' 주장은 좀 낯설기도 합니다.

독일 연방정부는 2019년에 농업 환경규제 정책을 발표했습니다. 동물복지 표시제와 곤충 보호 프로그램이 포함된 이른바 '농업 패키지' 법안입니다. 이 법안들은 지난해 연방의회를 통과했는데요. 농민들은 이 정책들이 과도한 환경규제라고 반발하고 있는 겁니다.

❀ **고객에게 어떻게 이야기해야 할까?**

(　　　　　**목소리로**) 안녕하십니까? 어서 오십시오.

(　　　　　**목소리로**) 그런 일이 있으셨군요. 걱정이 많이 되시겠습니다.

(　　　　　**목소리로**) 제가 도울 방법이 있는지 다시 한번 알아보겠습니다.

(　　　　　**목소리로**) 손님, 저희 비행기 곧 이륙합니다. 좌석으로 돌아가주시겠습니까?

(　　　　　**목소리로**) 손님 여러분, 지금부터 비상구 및 비상장비에 대해 말씀드리겠습니다.

❀ **다음 글을(　　　　　) 목소리로 읽어보자.**

손님 여러분,

우리 비행기는 인천국제공항에 도착했습니다.

지금은 5월 3일 오전 11시 30분입니다.

여러분의 안전을 위해, 비행기가 완전히 멈춘 후 좌석벨트

표시등이 꺼질 때까지 자리에서 기다려주십시오.

선반을 여실 때는 안에 있는 물건이 떨어질 수 있으니 조심해주시고,

내리실 때는 잊으신 물건이 없는지 다시 한번 확인해주시기 바랍니다.

오늘도 저희 ○○항공을 이용해주셔서 대단히 감사합니다.

저희 승무원들은, 앞으로도 손님 여러분께서

안전하고 편안하게 여행하실 수 있도록 최선을 다하겠습니다.

감사합니다. 안녕히 가십시오.

결론적으로, 항공사 직원의 목소리는

· 밝아야 한다.

· 강세가 있어야 한다.

· 리듬이 있어야 한다.

· 발음이 정확해야 한다.

· 어미 처리가 부드러워야 한다.

· 속도, 목소리 크기, 높이는 상황에 맞게 연출되어야 한다.

Tip! 좋은 음성을 위한 습관

좋은 음성을 유지하기 위해서는 나름의 생활관리법도 필수, 특히 목을 피로하게 하는 습관 대신 목의 부담을 덜어주는 습관을 갖도록 노력하자.

1. 하루 6~10잔 이상 물을 마신다. : 수분을 충분히 공급하면 성대점막이 촉촉해져 쉽게 상처가 나는 것을 방지할 수 있다.

2. 술, 담배, 유제품은 NO! : 술, 담배, 유제품은 체내에서 수분을 빼앗아 건조한 성대를 만드는 원인이 된다. 말을 많이 하거나 노래를 부르기 2~4시간 전에는 유제품 음료를 피해야 한다.

3. 생리, 임신 중에는 목소리 사용을 자제한다. : 여성의 경우 생리 직전, 생리 중 그리고 임신기간에는 성대의 혈액이 뭉치게 되므로 말을 많이 하거나 노래를 하는 등 성대에 지나친 자극이 가해지는 것을 피해야 한다.

4. 헛기침은 참도록 하자. : 큰 소리로 호탕하게 웃는다든가 헛기침도 무리를 준다. 헛기침을 하게 되면 일시적으로 성대 점액이 빠져나가 목이 깔끔해지는 느낌이 든다. 하지만, 곧 다른 점액이 그 자리를 메워 다시 헛기침을 하는 악순환이 반복될 뿐이다.

5. 시끄러운 환경에서는 말을 아끼자. : 장시간 큰 목소리, 속삭이는 목소리를 내면 성대에 무리를 준다.

 ## 2. 호감을 주는 대화법

① 대화의 의미

- 서로 마주 대하여 이야기하는 것, 또는 그 이야기로 대화는 말하기와 듣기가 교차하는 상호작용이다. 그중에 설득, 거부, 교섭, 합의 등이 이루어진다. 즉, 사람 간에 발생하는 작용(자극)과 반작용(반응)이다. 따라서 대화란 언어적 커뮤니케이션뿐만 아니라 보디랭귀지와 같은 비언어적 커뮤니케이션도 이에 해당이 된다.

- 대화에 있어 말하기와 듣기의 밸런스를 유지하는 것이 중요하다. 즐겁고 재미있게 대화할 수 있는 사람은 말을 많이 하는 사람이라기보다는 대부분 남의 말을 잘 들어주는 사람이다. 상대방의 말을 경청하고 때로는 질문도 던지며 상대의 말을 잘 이끌어내는 사람이 유능한 사회인이다.

② 듣기

(1) 듣는 방법

❶ FAMILY 듣기법(각 단어의 첫 글자를 따서 FAMILY로 명명하였다.)

- F : Face   상황에 맞는 표정
- A : Attention   주위 집중
- M : Me, too   동감의 표현
- I : Interest   관심의 표명
- L : Look   시선처리
- Y : Your   상대의 입장에서

상황에 맞는 표정과 메모를 하거나 반복하여 말의 내용을 놓치지 않으려고 집중하고 동감과 관심의 표현을 적극적으로 드러내며 시선을 마주한다. 이때 문화적 차이로 인해 서구권 문화에서는 눈을 마주하는 것이 진실된 제스처이나 우리나라 문화에서는 눈을 계속해서 바라보는 것은 상대방에게 부담되고 부정적 인상을 줄 수 있으므로 비즈니스아이존(Business eye zone)을 적극 활용한다. 또한 상대의 입장에서 상대를 이해할 때 진정한 경청이 이루어진다.

❷ 바른 듣기 자세

- 시선 : 비즈니스아이존(양 눈과 턱끝까지 역삼각형의 존을 말한다.)
- 거리 : 상대방과 80~120cm
- 상체 : 상대방을 향해 15도 정도 숙인다.
- 태도 : 긍정적, 적극적인 자세

(2) 들으며 반응하기

❶ '적절한' 고개 끄덕임
❷ 표정, 아이콘택트, 제스처

❸ 단순한 음성 반응 : 아, 네. 그래요.

❹ 관심 어린 질문

　　⑩ 많이 힘드셨겠네요.

　　　다친 데는 없으십니까?

　　　그래서 알아봐달라고 부탁하셨습니까?

　　　기분 좋은 하루셨겠네요.

❺ 상대방의 말 반복, 요약, 환언

(3) 공감적 경청

　우리는 다른 사람이 내면에 어떤 생각을 가지고 있는지 알지 못한다. 따라서 "먼저 경청해서 상대방을 이해하려고 노력하라"라는 패러다임의 전환이 필요하다.

❶ 듣기의 5가지

　첫째, 그 사람의 말을 무시하는 경우, 전혀 듣지 않는 것

　둘째, "응, 그래, 그렇지, 맞아" 등의 맞장구를 치면서 듣는 체하는 것

　셋째, 선택적 청취, 대화에서 특정 부분만 듣는 것

　넷째, 신중한 경청, 상대가 하는 이야기에 주의를 기울이고 그 말을 집중해서 듣는 것

　다섯째, 공감적 경청

❷ 공감적 경청

　공감적 경청은 카운슬링 이론의 창시자인 칼 로저스(Carl Rogers)가 제안한 것으로, 커뮤니케이션 활동을 수행하는 데 있어 적극적인 청취 태도에 대한 사고 방식을 말한다. 즉, 공감적 경청이란 상대를 이해하려는 의도를 가지고 경청하는 것을 말한다.

　공감적 경청의 태도에는

　· 상대가 무엇을 느끼고 있는가를 상대의 입장에서 받아들이는 공감적 이해가 중요하고

　· 자신이 갖고 있는 고정관념을 버리고 상대의 태도를 받아들이는 수용의 정신

- 자신의 감정을 솔직하게 전하고 상대를 속이지 않는 성실한 태도가 필수적이다.
- 공감적 경청을 위하여 비판적·충고적인 태도를 버리고
- 상대가 말하고 있는 의미 전체를 이해하고
- 단어 이외의 표현에도 신경을 쓰며
- 상대가 말하고 있는 것을 피드백해보고
- 감정을 흥분시키지 않는 것 등이 중요하다.

❸ 공감적 경청의 예

- _____하는 것이 얼마나(기쁜지/실망스러운지/화나는지/슬픈지) 이해합니다.
- 손님이 왜 그렇게 느끼시는지 잘 알겠습니다. _____할 때는 정말 그렇지요.
- _____ 일이 저에게 일어났다면, 저도 역시 _____할 것입니다.
- _____했으니 얼마나(화가 나시겠습니까?/기쁘십니까?)

❀ **실습해봅시다.**

① 2인 1조로 조를 이룬다.

② 주제를 준다.(⑩ 최근에 본 영화, 자신의 취미, 어젯밤 생긴 일 등등)

③ 1인은 말하고 1인은 지금까지 배운 듣기 방법대로 상대방 이야기를 경청한다.(진행시간 3분)

④ 역할을 바꾸어서 한다.(진행시간 3분)

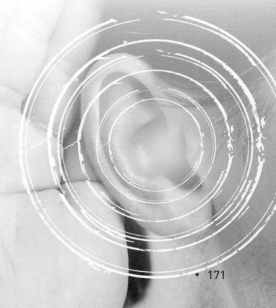

성공하는 사람들의 7가지 습관

습관 1 : 자신의 삶을 주도하라

인생의 코스를 스스로 선택하라. 성공하는 사람들은 자신이 할 수 없는 일에 집착하거나 외부의 힘에 반응하는 대신, 할 수 있는 일에 집중하며 자신의 선택과 결과에 책임을 진다.

습관 2 : 끝을 생각하며 시작하라

자신이 어디로 향하고 있는지 알기 위해서는 전반적인 인생목표를 포함해 최종목표를 정해야 한다.

습관 3 : 소중한 것을 먼저 하라

긴급함이 아니라 중요성을 기반으로 업무 우선순위를 정하고 습관 2에서 정한 목표성취를 돕는 계획을 세워라. 우선순위에 따라 업무를 수행하라.

습관 4 : 윈 - 윈을 생각하라

쌍방에 도움이 되는 해결책을 추구하라.

습관 5 : 먼저 이해하고 다음에 이해시켜라

상호존중하는 환경을 조성하고 문제를 효과적으로 해결하기 위해서는 타인의 말을 경청하고 열린 자세를 가져야 한다. 이로써 상대도 같은 태도를 보이도록 유도할 수 있다.

습관 6 : 시너지를 내라

혼자서 달성할 수 없는 목표를 이루기 위해 팀을 활용하라. 팀원들의 최대성과를 이끌어내기 위해 유의미한 공헌과 최종목표를 장려하라.

습관 7 : 끊임없이 쇄신하라

장기적으로 성공하기 위해서는 기도나 명상, 운동과 봉사활동, 고무적인 독서를 통해 몸과 마음, 영혼을 건강하게 유지하고 쇄신해야 한다.

신은 인간에게 두 개의 귀와 하나의 혀를 주었다.
인간은 말하는 것의 두 배만큼 들을 의무가 있다.

- 제 논 -

3 말하기

(1) 말하기의 삼요소

❶ **말의 내용**(Mood)

은어, 전문용어, 비어, 속어, 열의, 필링, 가치관, 명랑

❷ **말하는 방법**(Words)

말의 스피드, 고저, 목소리의 크기, 장단, 어조

❸ **비언어적 요소**(Body Language)

자세, 손동작, 몸동작, 복장, 태도, 표정, 호흡, 앉은 자세, 발의 위치

(2) 밝고 적극적으로 말하기

밝은 표정과 음성, 밝은 말의 내용을 적극성을 가지고 전달한다.
밝은 내용의 말은 칭찬과 격려, 인정이 주를 이루며 긍정적인 표현이다.

❶ **밝은 표정과 음성**

밝은 느낌을 주기 위해서 여성의 경우는 '솔' 음, 남성의 경우 '미' 음으로 톤을 조정하는 것이 좋다.

❀ **내가 들었을 때 격려가 되고 기분 좋은 말 3~4가지와 듣고 싶지 않은 말 3~4가지를 적어보자.**

듣고 싶은 말	듣고 싶지 않은 말

❀ 다음 말을 칭찬의 말로 바꾸어보자.

이 말을	이렇게!	이 말을	이렇게!
간사한	눈치가 빠르네요.	거만한	자신감이 있네요.
아부하는		까다로운	
경쟁적인		신경질적인	
나서는		있는 척	
독재적인		허황된	
우유부단한		요령꾼	
엉뚱한		경솔한	
수다스러운		저속한	
딱딱한		불평 많은	

(3) 공손하게 말하기

고객이 공손하게 느낄 수 있도록 다음과 같은 표현을 해보자.

❶ 높임말과 겸양어를 사용

상대를 높이는 높임말의 사용은 기본이다. 겸양어란 자기를 낮춤으로써 상대편을 높이는 말로 '저희', '여쭈다', '해드리겠습니다' 등이 있다.

❀ 다음 표현을 바꿔보자.

내가 하겠습니다.	
내가 가서 물어보겠습니다.	
집/나이/말/병	

❷ 경어체와 반경어체

경어체는 상대에게 공경의 뜻을 나타내기 위해 사용하는 문체를 말한다. 일상생활에서 사용하는 '다까체, 하오체, 합쇼체' 등으로 이를 구어체로 사용했을 경우 자칫 딱딱한 느낌을 줄 수 있기 때문에 반경어체인 조금은 부드러운 '요조체'를 7:3 비율로 적절히 사용한다.

❀ 다음 표현을 바꿔보자.

안녕하십니까? 좌석 안내해드리겠습니다. 탑승권 보여주시겠습니까? 손님 좌석은 45A입니다. 오른쪽으로 들어가주시겠습니까? 다른 승무원이 좌석을 안내해드릴 겁니다.

_____

_____

_____

❸ **명령형을 청유형이나 의뢰형으로**

'~하세요'도 자칫 명령어가 될 수 있기 때문에 이러한 표현은 청유형이나 의뢰형으로 바꾸어 사용한다.

❀ 다음 표현을 바꿔보자.

잠시 기다리세요.	
여권 보여주세요.	
부치실 짐 이쪽으로 올려주세요.	
탑승권 보여주세요.	
안쪽으로 들어가세요.	
안전벨트 매세요.	
의자등받이 세워주세요.	
창문 열어주세요.	

❹ **적극적 표현**(감사합니다, 고맙습니다)

(4) 명료하게 말하기

명료하게 말하기 위해서는 앞서 학습한 목소리 톤, 정확한 발음, 적절한 속도가 조화를 이루어야 한다.

(5) 품위 있게 말하기

품위 있는 대화가 되기 위해서는 속어나 비어의 사용, 전문용어의 사용을 자제하고 상대에게 맞는 적절한 호칭을 사용하는 것이 필요하다.
1. 속어나 비어 사용 금지
2. 전문용어 사용 자제
3. 부정적인 말투, 어투 자제

✿ 항공사 직원이 고객에게 많이 사용하는 용어

변경 전	변경 후
Time Table	국제선/국내선 시간표
Charter	전세기
Public Charter	정기성 전세기
Extra	특별기
Codeshare Flight	공동운항편
Infant	유아
First Class	일등석
Economy Class	일반석
Overhead bin	짐 넣는 선반
Giveaway	기념품
Galley	주방
One way	편도
Return Flight	돌아오는 항공편(복편)
Guarantee	보증
Reply	응답
PNR History	예약 기록 내역
국내선 Cancel Charge	국내선 취소 수수료

변경 전	변경 후
Pending	회신 대기중
Summer/Winter Schedule	하계/동계 스케줄
Dupe seat	중복 좌석
Deposit(Guarantee)	사전 보증

④ 효과적인 대화법

(1) 부정은 부드럽게

고객의 모든 요구에 긍정적인 답변을 하기는 어렵다. 하지만 부정을 이야기할 때도 방법이 있다.

❶ 우선, 부정적인 답변을 하기 전에 쿠션언어를 사용한다.
❷ 그리고 부정에 대한 상황설명을 한다.
❸ 자신이 제시할 수 있는 대안을 제시한다.

Tip! 쿠션언어

쿠션언어란 쿠션처럼 대화 시 충격을 덜 주고, 상대의 마음을 편안하게 하면서 요구하는 고객의 의도를 관철시키는 데 도움을 주는 용어를 말한다. 이는 대화를 하는 데 있어 훨씬 부드러운 분위기를 만들 수 있기 때문에 특히 서비스 시 고객에게 양해를 구할 경우 적절히 사용하면 효과가 크다.

사과나 양해의 쿠션언어 사용	• 죄송합니다만, 번거로우시겠지만, 실례합니다만, 어려우시겠지만, 수고스러우시겠지만, 괜찮으시다면, 바쁘시겠지만, 이해해주신다면, 양해해주신다면
상황설명	• ㅇㅇㅇ한 이유로 서비스가 되지 않습니다.
대안제시	• 대신 다른 ㅇㅇ를 서비스해드려도 괜찮으시겠습니까?
재사과	• 불편을 드려서 다시 한번 더 사과드립니다. • 더 필요하신 것이 있으시면 언제든지 저를 불러주십시오. • 이해해주셔서 감사합니다. • 양해해주셔서 감사합니다.

(2) 긍정은 강하게

고객의 요구를 기꺼이 해줄 수 있는 상황은 직원에게도 기쁜 일이다. 밝은 목소리톤으로 짧지만 강력한 긍정의 표현인 "네"를 반드시 사용한다.

"네, 알겠습니다."

답변 후 고객을 기다리게 해야 하는 경우, 양해의 말을 붙인다.

"네, 알겠습니다. 잠시만 기다려주시겠습니까?"

(3) 구체적으로

고객과 이야기를 할 때는 모호한 표현이 아니라 상대방이 이해하도록 구체적으로 묘사하고 정확하게 표현해야 한다.

(4) 개별적인 관심으로

고객은 자신의 개별적인 사항을 기억하고 특별한 존재로 인식되기를 기대한다. 특히, 항공기를 이용하는 고객의 서비스에 대한 기대 심리는 다른 서비스를 이용하는 고객들보다 더 높은 욕구를 갖는다. 따라서 고객에게 필요한 '호칭'을 사용한 인식서비스는 기본으로

해야 할 일이다. 더불어 고객의 특별한 상황(결혼, 출장, 여행 등)까지 가능하다면 기억하고 이에 맞는 주제를 사용하여 대화를 나눈다면 고객은 개별적 관심을 받는다고 느낄 것이다. 인정, 칭찬, 관심의 표현도 사용한다.

❶ 호칭 사용

- 승객을 부를 때 원칙적으로 이름을 불러서는 안 되며, 적합한 호칭을 사용해야 한다.
- 직함을 아는 경우, [성+직함+님] 방식이 무난하다.(예 최 사장님, 김 상무님…)
- 호칭이 계속 반복될 때 성은 생략한다.
- 외국인의 경우 적합한 호칭을 사용할 수 없는 경우, [Sir, Ma'am]이 무난하며 내국인의 경우는 [손님, 사모님] 등의 호칭을 사용한다.

✿ **기타 상황별 고객 응대 표현을 익혀보자.**

용건을 받아들일 때	· 네. 잘 알겠습니다. · 네. 고객님 말씀대로 처리해드리겠습니다.
감사의 마음을 나타낼 때	· 매번 감사드립니다. · 항상 ○○항공을 이용해주셔서 감사합니다.
질문이나 부탁할 때	· 죄송합니다만, 한번 더 말씀해주시겠습니까? · 죄송합니다만, 제게 보여주시겠습니까?
기다리게 할 때	· 잠시만 기다려주시겠습니까? · 죄송합니다만, 5분만 더 기다려주시겠습니까? · 책임자와 상의해서 곧 처리해드리겠습니다.
재촉을 받을 때	· 대단히 죄송합니다. 곧 처리해드리겠습니다. · 죄송합니다만, 잠시만 기다려주시겠습니까?
고객 앞에서 자리를 뜰 때	· 죄송합니다. 잠시만 기다려주시겠습니까? · 잠깐 실례하겠습니다.
자리에 돌아왔을 때	· 오래 기다리게 해서 죄송합니다. · 많이 기다리셨습니다.
불평할 때	· 네. 그렇게 생각하시는 것이 당연합니다만, · 네. 옳으신 생각입니다만,

3. 항공사 직무별 대화법

다음은 항공사 직무에 따른 고객응대 대화법이다. 항공사별로 차이가 있을 수 있으니 참고하여 살펴보자

1 객실 승무직

❶ **고객** : "비행기에 들어가보니 이미 제 자리에 다른 사람이 앉아 있어서 승무원에게 알아봐줄 것을 요청했는데… 승무원은 온데간데없고 관심도 갖지 않고… 그런 승무원에게 화가 났습니다."

직원 : "고객님, 정말 죄송합니다. 좌석배정에 착오가 생긴 것 같은데 불편하시 더라도 이곳에서 잠시만 기다려주시면 제가 곧 확인해서 안내해드리겠 습니다.(확인 후) 고객님, 오래 기다리셨습니다. 제가 좌석을 안내해드리겠 습니다. 거듭 불편을 끼쳐드려 죄송합니다. 여행 중 필요한 사항 있으면 언제든지 말씀해주십시오. 즐거운 여행하시길 바랍니다."

❷ 고객 : "분명히 공항에서 괜찮다고 해서 유모차를 가지고 탄 건데 갑자기 안 된다고 하니 어이가 없군요. 아이와 짐 때문에 힘든데 더 짜증났어요."

직원 : "고객님, 죄송합니다만 이 유모차는 기내에서 보관하시기에는 다소 큰 사이즈입니다. 제가 도착지 공항 게이트에서 바로 받으실 수 있도록 부 쳐드리겠습니다. 염려 마시고 편안한 여행하십시오. 짐은 제가 들어드 리겠습니다. 이쪽으로 오시겠습니까?"

❸ 고객 : "아니, 기내판매를 차라리 하지나 말지 매번 사려고 할 때마다 없다는 게 말이 되냐구요. 이건 서비스도 아닙니다."

직원 : "손님, 죄송합니다. 제가 재고가 있는지 다시 한번 확인해보겠습니다.(확 인 후) 정말 죄송합니다. 말씀하신 물건이 현재 모두 팔린 상태인데요. 다음번엔 이 품목이 더 실릴 수 있도록 조치하겠습니다. 혹시 같은 가 격대의 물건으로 ○○○이 있는데 어떠실는지요?"

❹ 고객 : "아이들에게 주는 기념품을 제 아이에게는 주지 않길래 달라고 했더니 찾아보겠다고 말만 하고 한참을 기다리게 하더니 결국 없다는 겁니다. 이건 뭐 구걸하는 것도 아니고 사람 무안하게끔…"

직원 : "죄송합니다. 오늘은 기념품이 부족하게 실려서 드리지 못했습니다. 아 이가 지루하지 않도록 제가 동화책이라도 갖다드리겠습니다. 그리고 주 소와 성함을 말씀해주시면 제가 댁으로 우송해드리겠습니다."

❷ 예약직

❶ 고객 : "이제 와서 비행편 시간이 변경되면 어쩌라는 거요? 도착지 마중인과 이미 약속을 해놨는데 말야. 중요한 비즈니스를 망치게 되었는데, 어쩌 라는 거요?"

직원 : "고객님, 예약하신 일정에 차질을 드려 대단히 죄송합니다. 항공사의

스케줄은 대체로 하계, 동계로 연간 2회 운항시간 조정이 있으며, 항공기 기체 점검이나 기상 등의 사유로 정상운항이 곤란한 경우 항공기 접속문제로 인해 운항시간이 변경되는 경우가 있습니다. 필요하시다면 현지에 계신 분에게 저희가 전화를 드려 도착시간 변경을 알려드리도록 하겠습니다."

❷ **고객** : "나 지금 차가 막혀서 예약한 시간에 못 갈 것 같거든. 지금 빨리 갈 테니까, 비행기를 좀 잡아줘. 5분 정도 늦을 것 같은데, 좀 기다려주면 안 될까?"

직원 : "고객님, 차가 많이 막히는가 보군요. 죄송합니다만, 저희 항공사는 정시운항이 목표이므로 고객님을 기다려드리고 싶어도, 한편으로 다른 분들께 불편을 끼쳐드리게 되므로 지연 운항은 곤란합니다. 가급적 빨리 그러나 안전운행하시어 도착해주시기 바랍니다. 만일 해당편 탑승이 곤란해지시는 경우는 다음 편에 공항대기 명단에 등록하시면 저희 공항직원이 친절히 안내해드릴 겁니다. 죄송합니다."

❸ 발권·운송직

❶ **고객** : "예약과에 전화로 사전 문의했는데 아기 둘 데리고 여행해도 아무 문제 없다고 했단 말예요!"

직원 : "네! 고객님, 아기 둘 데리고 여행하기 쉽지 않으실 텐데 최대한 편안히 여행하실 수 있도록 해드리겠습니다. 단, 이 경우에는 아기 한 명은 무료로 탑승할 수 있지만, 안전을 위해 다른 한 명은 어린이 요금으로 좌석을 구입하셔야 합니다. 탑승구까지 저희 직원의 도움이 필요하시면 제가 고객님을 도와드릴 수 있는 직원을 불러드리겠습니다. 혹 비행 중에도 직원의 도움이 필요하시면 저희 승무원에게 말씀해주십시오. 편안한 여행이 되실 수 있도록 도와드리겠습니다."

❷ **고객** : "어떻게 승객이 안 탔는데 비행기가 출발할 수 있냐, 너희는 맨날 지연 출발하더니만 왜 오늘만 정시 출발한다고 호들갑을 떠냐. 나 오늘 중요한 일이 있어 꼭 가야 되는데 어떻게 할 거야?"

직원 : "손님, 안타깝게도 출발시간을 착각하신 것 같습니다. 항공기는 이미

30분 전에 출발하였습니다. 손님을 모시기 위해 방송도 하고, 직원들이 손님 성함을 부르며 여기저기 찾아다녔는데도 결국 찾을 수가 없었습니다. 더 이상 다른 승객들을 기다리게 할 수도 없었기에 손님을 모시지 못하고 출발하게 되었습니다. 대신 다른 항공편이 있는지 속히 알아보겠습니다. 죄송합니다."

❸ 고객 : "아니, 왜 나만 꼭 ○○항공을 타면 이렇게 말썽인지 몰라. 분명 운반 중 집어던져서 그럴 것이 틀림없단 말이야. 이 가방 비싼 명품이니 책임지고 배상하시오. 그렇지 않으면 사장 비서실에 연락할 것이오."

직원 : "손님(사장님), 죄송합니다. 소중한 손님(사장님)의 가방이 손상되어 저희도 안타깝습니다. 출발지, 경유지 등에 확인하여 사고 원인 파악을 하겠습니다. 무엇보다도 손상된 수하물이 원상복구 가능토록 수리 전문업체에 연락 조치를 취하도록 하겠습니다. 만약 수리 불가 시 가격을 환산하여 적절한 배상을 취하도록 하겠습니다. 죄송합니다."

잠 13:3
<입>을 지키는 자는 자기의 <생명>을 보전하나 입술을 크게 벌리는 자에게는 멸망이 오느니라

항공사 직원의
퍼스널 이미지 전략

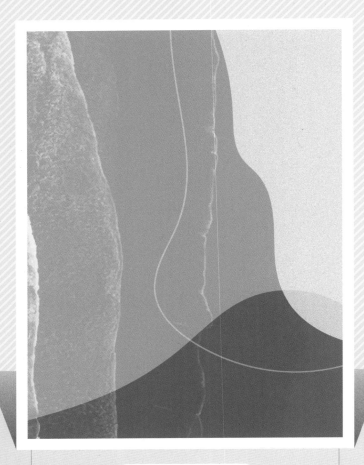

Chapter 11

항공사 사례연구

학습목표

이미지메이킹 관련 항공사 고객 불만 사례연구를 통해
실무와 접목된 실질적인 학습내용을 익히도록 한다.

　본 장에서는 지금까지 배운 이미지메이킹 관련 고객 불만 사례연구를 통해 실무와 접목된 실질적인 학습내용을 익히도록 한다. 사례연구는 다음과 같은 단계로 진행한다.

· 1단계 : 도출된 문제들을 토대로 발생 현상, 원인을 토의한다
· 2단계 : 해결방안을 토의하고 그에 대한 우선 순위를 정한다.
· 3단계 : 토의한 내용을 조별로 발표하고 효과적으로 실천 가능한 방법들을 최종 정리한다.

Memo

1. 표정 관련

다음 내용을 읽고 토의해보자.

[Case Study]

> 기내식 서비스가 끝나고 일행이 커피를 주문하기 위해 지나가는 승무원에게 커피를 부탁했습니다. 주문할 당시에 아주 무표정이더군요. 5분쯤 지난 후 그 승무원이 커피를 가지고 왔는데 프림과 설탕을 안 가져 오셨더군요. 그래서 프림이랑 설탕을 달라고 했습니다. 또 무표정한 얼굴로(뭔가 짜증나는 일이 있었나봅니다) 대답 후 가져다주시더군요. 여전히 어두운 얼굴로… 웃는 모습은 어디로 갔는지… 커피를 주문한 일행도 기분이 조금 상했지만 옆에서 지켜보던 제가 더 열이 받더군요. 바쁜데 자기한테 시켜서 짜증 섞인 표정이더군요. (중략) 비행기를 타는 사람들은 하나같이 똑같은 마음일 것입니다. 고객은 좋은 기내식보다 항상 미소 지으며 고객에게 서비스하는 항공사를 선호한다고 하네요.

❀ **사례에서의 문제점은 무엇인지 구체적으로 얘기해보자.**

❀ **어떻게 응대하는 것이 좋을까? 해결방안을 토의해보자.**

1.

2.

3.

4.

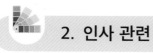

2. 인사 관련

> 맨 뒤에 앉아 있었기 때문에 내리기까지 한참이 걸렸습니다. 짐을 양손에 가득 들고 좁은 복도를 지나가고 있는데 승무원이 자꾸 뒤에서 머리 위 선반을 덜컥덜컥 열며 따라오시던데… 혹시라도 남은 짐이 없는지 확인하는 거라면 승객 모두 내리고 하면 안 될까요? 긴 시간 정말 편안하게 잘 왔구나 싶었는데 마지막에 정말 실망했습니다. 앞쪽에 있는 승무원들은 계속 인사하고 뒤에서는 정리한다고 정신없고 말로만 하는 인사는 차라리 받지 않는 것이 낫다는 생각이 들었습니다.

❀ **사례에서의 문제점은 무엇인지 구체적으로 얘기해보자.**

❀ **어떻게 응대하는 것이 좋을까? 해결방안을 토의해보자.**

1.

2.

3.

4.

3. 자세 관련

- 비좁은 통로를 뛰어다니는 것은 예사이며…
- 제발 기내에서 거의 뛰듯이 빠른 걸음으로 가지 마세요. 먼지도 나고 복도 쪽에 앉아 있는 고객 어깨에 부딪힙니다. 고객이 불편해합니다. 또 불안해할 수도 있습니다. 저는 잠자려다가 여러 번 부딪혀 짜증난 경험이 있거든요…
- 서비스를 할 때 승객에게 승무원이 뒤로 가며 등 쪽을 보여주면서 승객에게 응대하는 게 저로서는 이해가 되지 않았습니다…
- 궁금한 게 정말 많았는데 어찌나 다들 바빠 보이시는지…. 저를 내려다보는 모습에 그만 기가 죽어서 할 말도 다 못 했습니다. 좀 편안한 자세로 얘기할 수는 없나요?

❀ **사례에서의 문제점은 무엇인지 구체적으로 얘기해보자.**

❀ **어떻게 응대하는 것이 좋을까? 해결방안을 토의해보자.**

1.

2.

3.

4.

4. 용모, 복장 관련

제주도를 가려고 대한항공을 이용한 적이 있습니다. 스튜어디스 언니들도 친절하게 맞아주고 그래서 기분이 좋았는데 음료 서비스를 할 때 보니까 앞치마에 얼룩이 덕지덕지 묻어 있더군요….

아무리 음료라고는 하나 사람의 입으로 들어가는 음식인데 얼룩이 묻은 더러운 앞치마로 서비스를 한다는 게 문제가 있다고 생각합니다. 요즘 기내식, 기내식 하면서 관심을 갖고 있는데 손님과 직접 마주하면서 서비스를 제공하는 스튜어디스가 더러운 앞치마를 하고 서비스를 하다니…. 모든 서비스업의 기본은 청결이라고 생각합니다. 웃음 띤 얼굴로 서비스를 하기 전 청결에 먼저 신경을 기울였으면 합니다.

❀ **사례에서의 문제점은 무엇인지 구체적으로 얘기해보자.**

❀ **어떻게 응대하는 것이 좋을까? 해결방안을 토의해보자.**

1.

2.

3.

4.

5. 커뮤니케이션 관련

기내 서비스에 대해 몇 자 적습니다. 다름 아닌 이륙 후 1시간 정도 지나서 여승무원에게 물 한 잔 달라고 1차 부탁했어요. 여승무원께서는 "잠시만요"하면서 지나가더군요. 그러더니 30분이 지나도 답이 없어 또 한 시간 후에 물 한 잔 달라고 여승무원에게 2차 주문을 했어요. 1차와 똑같은 답이었습니다. 2차도 마찬가지로 1시간이 지나도 답이 없었습니다. 이번에 야식 식사시간에 제가 잠이 들어서 식사를 못 했어요. 목이 타서 3차로 물 한 잔 달라고 했어요. 그때 물 한 잔 주더라고요. 그래서 제가 이야기했어요. 그랬더니 미안하다고 하더군요. 아무리 3등석 자리라고 해도 또한 여승무원이 부족하다고 하더라도 지나가면서 '잠시만요' 하면서 고객에게 그렇게 행동할 수 있는지 또 머리가 얼마나 좋으신지 지나가면서 머릿속에 기억했으면 처리를 해야지요. 처리도 하지 못하면서 지나가면서 그럴 수가 있는지요? 아니면 생각이 나면 정중히 미안하다고 인사를 해야지요. 제가 이야기하니까 그때서야 미안하다고 하는 것을 보고 정말 마음이 편하지 못하더군요.

❀ **사례에서의 문제점은 무엇인지 구체적으로 얘기해보자.**

❀ **어떻게 응대하는 것이 좋을까? 해결방안을 토의해보자.**

1.

2.

3.

4.

항공사 직원의
퍼스널 이미지 전략

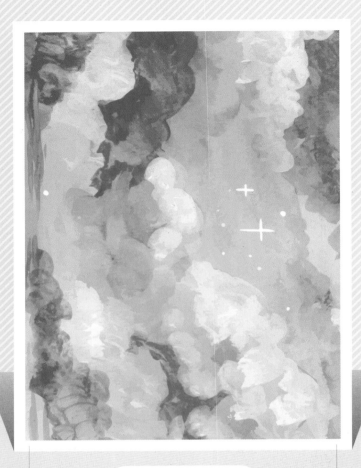

Chapter 12

면접 이미지메이킹

학습목표

항공사 입사준비를 위한 면접 방법을 알고 그동안 배운
이미지메이킹을 적용하여 실습할 수 있다.

1. 항공사 채용 및 면접

❶ 국내 항공사

국내 항공사의 경우 면접절차는 주로 서류전형, 2~3번의 실무면접과 임원면접 그리고 영어면접과 체력테스트, 신체검사로 구성된다. 1차 면접에서는 항공사 직원으로서의 기본적인 이미지 및 인성을 보며 이후 면접에서는 기본 이미지뿐만 아니라 직무수행능력과 상황대처능력, 의사표현력 등을 더욱 세심하게 평가한다. 1차 서류전형은 각 항공사에서 제시된 형식에 맞추어 답변을 작성하며 이때 거짓으로 작성하지 않도록 유의한다. 면접 시 질문의 근거가 될 수 있다. 객실 승무직을 중심으로 면접 진행방법을 알아보면 다음과 같다.

(1) 대한항공

❶ 1차 면접

1차 면접은 지원자 8명이 한 조가 되어 입장하며 입장 전 인사부 직원의 면접방법에 대한 간단한 브리핑이 있다. 면접은 보통 면접위원 2명(객실 사무장과 인사담당 직원)이 진행하며 공통질문 한 개와 개별질문을 받는다. 상황에 따라 공통질문 한 개로 끝나는 경우도 있다. 이력서와 관계된 질문이 나올 수 있으니 이를 바탕으로 답변을 준비하도록 하자.

면접 복장은 남성의 경우 정장, 여성의 경우 반팔 상의와 무릎라인의 스커트와 구두를 착용하면 된다. 기존의 획일화된 검정스커트와 흰 블라우스의 면접복장이 아닌 자신에게 어울리는 컬러와 디자인의 단정한 복장을 하는 것이 중요하다.

❷ 2차 면접

대한항공 본사에서 실시되며 대기실에 가자마자 신분 확인 후 키를 잰다. 대한항공 유니폼(민트와 아이보리 블라우스)으로 환복 후 한 명씩 영어면접과 기내방송 시험을 본다. 이후 임원면접이 진행된다. 면접위원은 3명 정도이며 5~6인이 한 조가 되어 입장하며 이때에는 항공사에 대한 전반적인 지식, 객실 승무원으로서의 상황대처능력, 순발력 등을 중심으로 질문을 한다.

③ 신체검사 및 체력테스트

신체검사는 일반적인 기본 신체검사와 더불어 제자리 높이뛰기, 윗몸일으키기, 눈 감고 외발서기, 자전거타기, 앉아 윗몸 앞으로 굽히기, 악력 등을 테스트한다. 또한 대한항공 객실훈련원 내 수영장에서 배영을 제외한 영법으로 25미터를 35초 내 완 주해야 한다.

④ 최종면접

대한항공 부사장 및 2~3명의 임원들로 구성이 된다. 5~6명이 한 조로 구성되고 최 종적으로 대한항공 승무원으로서의 적합성, 인성 등을 최종적으로 확인하는 자리이 므로 이전 면접과 같이 긴장하지 않고 마지막까지 차분하게 최선을 다하면 된다.

✿ **2022년 대한항공 채용은 Covid-19로 인해 진행방법이 다소 변경되었으니 아래 채 용공고를 참고하자.**

2023년도
신입 객실승무원
모집

"세계 항공업계를 선도하는 글로벌 항공사" 대한항공에서 기내 안전, 서비스 업무를 수행할 객실 승무원을 아래와 같이 모집하오니 많은 지원 바랍니다.

1. 지원서 접수 기간 : 2022년 10월 14일(금) ~ 11월 4일(금) 오후 6시

2. 지원서 접수 방법
- 대한항공 채용 홈페이지(http://recruit.koreanair.co.kr)를 통한 인터넷 접수
  ※ 우편, 방문 접수 및 E-mail을 통한 접수는 실시하지 않습니다.

3. 지원 자격
- 해외여행에 결격사유가 없고 병역필 또는 면제자
- 교정시력 1.0 이상인 자
- 기 졸업자 또는 2023년 2월 이전 졸업예정자 (2023년 2월 졸업예정자 포함)
- TOEIC 550점 또는 TOEIC Speaking LVL IM 또는 OPIc LVL IM 이상 취득한 자
  * 2020년 11월 18일 이후 응시한 국내시험에 한함
  * 2022년 6월 4일 이전 TOEIC Speaking 성적은 LVL 6 이상

4. 전형절차

- 1차면접 : 3분 이내의 Self 촬영 동영상 제출 방식 (세부사항은 서류전형 합격자 대상 별도 안내 예정)

5. 제출서류 (3차면접 전형 시 제출)

- 어학성적표 원본
  - 1부.
- 체력측정 결과서 원본
  - 1부.
  - 별도의 체력 Test 없이 국민체력100 체력인증센터에서 실시한 체력검정 결과서로 대체
- 최종학교 성적 증명서
  - 1부.
- 졸업(예정) 또는 재학 증명서
  - 1부.
  - 석사 학위 이상 소지자는 대학 이상 전 학력 졸업 및 성적 증명서 제출
- 기타 자격증 사본
  - 1부.
  - 소지자에 한함

※ 제출하신 서류는 채용 목적 외에는 사용하지 않습니다. 또한 제출된 서류는 최종합격 발표일로부터 14일 이내에 대한항공 '채용서류 반환청구 신청서'를 작성하여 제출 시 반환하여 드리며, 반환되지 않은 서류는 14일 경과 후 파기합니다.

반환 신청이 접수된 서류는 신청일로부터 2주 이내에 등기우편으로 발송됩니다.

최종합격자는 제출 서류 반환 신청이 불가합니다.

- 반환청구 신청서 제출처 : recruit@koreanair.com
- 반환청구 신청양식 다운로드 : http://recruit.koreanair.co.kr 內 MY PAGE

6. 기타사항

- 국가 보훈 대상자는 관계 법령에 의거하여 우대합니다.
- 영어구술성적 우수자는 전형 시 우대합니다.
- 태권도, 검도, 유도, 합기도 등 무술 유단자는 전형 시 우대합니다.
- 2년간 인턴으로 근무 후 소정의 심사를 거쳐 정규직으로 전환 가능합니다.
- 서류전형 합격자는 11월 18일(금) 채용 홈페이지에 공지 예정입니다.
- 상기 일정은 당사 사정에 따라 변경될 수 있습니다.
- 원서 접수 마감일에는 지원자 급증으로 인해 접속이 원활하지 않을 수 있으므로 조기에 원서 제출하시기 바랍니다.)

(2) 아시아나 항공

❶ 1차 면접

1차 면접에서는 면접 전 암리치와 몸무게, 키를 재어 승무원으로서 기본 신체조건을 확인 후 면접실로 이동한다. 총 8명이 한 조가 되어 면접장에 입장하며 면접위원은 3명으로 구성된다. 항공 관련 지식과 아시아나항공에 대한 정보, 일반적인 인성질문 등 전반적인 내용에 대해 질문한다. 손과 팔, 손톱 등도 체크하니 유의하자.

❷ 2차 면접

사장과 임원으로 구성된 면접위원 5명이 심사를 하며 한 조에 7~8명이 입장한다. 자기소개를 비롯해 개별질문과 공통질문이 주어지며 가끔 어려운 시사 질문으로 지식과 순발력을 체크하기도 한다. 당황하지 말고 의연하게 대처하자.

❸ 신체검사 및 체력테스트

2차 면접 합격 후에는 신체검사와 체력테스트가 있다. 노메이크업과 간단한 운동복 차림으로 아시아나항공 의료센터에서 실시하고 있다. 혈액검사 등의 기본 신체검사와 윗몸일으키기(30초 15개), 악력 테스트, 배근력 테스트가 있고 유연성검사가 있어 허리를 숙여 손끝을 재는 체력검사도 실시한다. 수영은 배영을 제외한 영법으로 25m 완주 여부를 평가한다.

(3) 진에어

다른 항공사와 다르게 실용주의와 젊음을 상징하는 유니폼과 같이 면접복장은 티셔츠와 청바지, 운동화 차림으로 실시한다. 헤어스타일과 메이크업은 이에 어울리게 자연스럽게 하는 것이 좋다.

❶ 1차 면접

실무면접은 한 조에 8명이 입장하며 토익성적표를 제출하고 키를 측정한다. 편안하고 자연스러운 분위기에서 면접이 진행되기 때문에 밝은 표정과 목소리로 순발력 있게 답변하면 된다.

❷ 2차 면접

객실 담당 및 임원으로 구성된 2명 정도의 면접위원으로 진행되며 의자에 착석한 후 기내방송문을 읽고 영어인터뷰가 진행된다. 이후 공통질문과 개별질문이 진행된다. 저비용항공사의 특징에 대해 잘 숙지하며 항공사에 대해 보다 더 많은 정보를 공부하고 면접에 임해야 한다.

(4) 제주항공

제주항공은 기내특화서비스를 개성 있고 특기 있는 지원자를 원한다. 채용방법에 있어서도 '재주캐스팅'이라는 독특한 방법으로 전형을 다양화하고 있다.

- 일반전형 : 서류전형 → 인성검사(온라인) 및 체력검정 → 1차 면접 → 2차 면접 → 신체검사 → 최종합격
- 재주캐스팅 전형 : 영상전형 → 인성검사(온라인) 및 체력검정 → 면접 → 신체검사 → 최종합격

재주캐스팅이란 영상전형으로 서류전형과 1차 면접을 대신한다. '제주'가 아닌 '재주'인 만큼 다양한 재능이 있는 지원자에게 유리할 수 있으니 참고하자.

 참고 : 2019년 하반기 재주캐스팅

'New standard 제주항공'

다음의 주제 중 하나를 선택하여 부합하는 내용으로 영상제작
- 나만의 여행지(먹거리나 볼거리, 즐길거리 등) 추천영상
- 제주항공의 먹거리(에어카페, 사전주문 기내식) 관련 홍보/마케팅 아이디어 영상
- 제주항공의 즐길거리(JJ라운지, 뉴클래스) 관련 홍보/마케팅 아이디어 영상

영상제작 시 유의사항
- 영상시간 : 50~90초 이내
- 용량 : 최대 20MB
- 확장자명 : avi 또는 mp4(기타 확장자명 지양)
- 업체에 의한 영상제작 등 과도한 비용이 들어가는 연출 지양

❶ 1차 면접

　면접위원은 4명 정도이고 한 조에 5명이 면접에 참여한다. 우선 간단히 키를 측정한 후 공통질문, 개별질문이 있다. 저비용항공사의 장점 등 항공사 정보를 숙지하자.

❷ 2차 면접

- 2차 면접은 임원으로 구성되었으며 면접위원들은 인성과 팀워크를을 평가한다. 특히 제주항공의 다양한 이벤트와 특화서비스에 준하는 특기가 있다면 그것을 준비하면 좋다. 면접 시에는 열정적이고 자신감 있는 모습을 보여주어야한다. 이는 타 항공사와 차별화된 서비스 제공을 위한 다양한 인재를 채용하기위한 것이다.

❸ 신체검사 및 체력테스트

　다른 항공사와 유사한 건강검진과 체력테스트가 있다.

 지상직 면접에 대해 알아봅시다!

　지상직 면접의 경우 대형항공사는 일반 대졸 공채와 서비스인턴으로 구분하여 채용한다.

　대졸 공채의 경우 4년제 졸업 및 예정자로 상경, 법정, 통계 등 전공의 제한을 두기도 하며 일반적으로 2년간의 현장업무 후 사무직 근무를 한다. 대한항공의 전형방법을 알아보면 다음과 같다.

① 서류전형

　주어진 형식에 성실히 작성하면 된다.

② 1차 면접(그룹토론 및 개별질문)

　6명이 한 조가 되어 토론주제를 받아 20여 분 준비시간을 갖고 주제에 대한 찬성과 반대의 의견을 나눈다. 토론주제에 대한 자신의 의견에 2차 질문을 할 수 있으니 유념하자. 토론주제는 항공업 관련 주제가 주어지기도 한다.

③ 2차 면접(영어 및 프레젠테이션)

　면접관과 일대일 개별면접으로 10분 정도 영어로 대화를 나눈다. 대화내용은 스트레스 해소방법 등 비교적 간단한 대화를 나눈다. 이후 6인 1조로 PT주제를 받고 20분 정도 준비시간을 갖는다. 일반사무직이라 항공업 관련된 심도 있는 주제가 제시된다. 3분 정도 프레젠테이션 발표 내용에 대한 2차 질문 또는 공통질문을 한다.

④ 3차 면접

면접관은 3~4명이며 6인 1조가 되어 15분 정도 진행된다. 최종면접이므로 인성을 판단하는 질문이 주어지고 비교적 빠르게 진행된다.

⑤ 건강검진

서비스인턴의 경우, 서류전형-1차면접(실무면접)-2차면접(임원면접 및 영어테스트)-건강검진으로 진행이 되며 면접은 직무와 인성에 대한 질문으로 이뤄지며 대졸 공채 면접에 비해 간단히 진행된다. 1~2년간 인턴 후 심사를 거쳐 정규직으로 전환된다.

아시아나 대졸 공채는 면접이 2회 있으며 한자시험도 진행된다. 서비스인턴 역시 서류전형-1차 면접(실무)-인적성테스트-2차 면접(임원면접 및 영어테스트)-신체검사로 진행된다.

② 외국 항공사

외국 항공사의 경우 국내 항공사와 비슷하나 면접을 진행하는 방식이 다르다. 구체적으로 살펴보면 다음과 같다.

(1) 그룹 토론(Group discussion)

❶ 방 법

외국 항공사 입사 시 주로 하게 되는 전형으로 6~8명이 한 조가 되어 주어진 주제에 대해 토론하는 것이다. 하나의 주제를 주고 그것을 어떻게 해결할지 의논을 하며 결과를 이끌어내기도 하고, 주제에 대한 찬반 의견을 교환하기도 한다.

❷ 토론 시 주의할 점

- 주제에 벗어난 이야기를 하지 않는다.
- 혼자 독단적으로 많은 말을 하지 않는다.
- 자신의 주장만 고집하지 않는다.
- 말을 안 하고 침묵으로 일관하지 않는다.
- 타인의 의견을 무시하는 자세는 금물이다.

❸ **체크포인트**

면접관들은 다음 사항을 평가한다.

- **팀워크** : 주어진 주제에 대해 결과를 도출해내는 과정에서 자신의 의견과 일치하지 않더라도 공동의 목표를 향해 서로 협동해가는 모습을 보여야 한다. 영어에 자신 있어 지나치게 적극적이거나 반대로 지나치게 소극적인 모습도 좋지 않다. 적절한 제스처와 의견으로 분위기에 화합할 수 있도록 해야 한다.
- **배려심** : 태도나 대화에서 상대방의 입장을 배려하고 이해하는 모습이 필요하다. 타인의 의견을 긍정적인 자세로 끝까지 잘 경청하며 비록 자신의 주장과 반대되는 의견도 수렴하며, 설득이 필요할 시 유연하게 대처하는 모습을 보여줘야 한다. 타인의 이야기에 칭찬이 필요한 경우에 칭찬하는 모습도 바람직하다.
- **독창성** : 주제에 대한 일반적이고 평이한 의견이 아닌 자신만의 독창적인 의견을 제시한다면 더욱 긍정적 인재로 인식될 것이다.

> 🔍 **기출질문**
>
> - Which 5 items would you like to bring with you when you go travelling?
> - If you win the lottery, where would you like to donate half of money?
> - If you get an opportunity to change one thing about your country, what would you like to chahge? How and why?
> - What do you think of death penalty?
> - Why do you think female flight attendants are more than male flight attendants?
> - What's difference with service in hotel and service in airplane?
> - Choose 3 countries that you would want to live in for the rest of your life and choose the 3 countries that ou don't want to live in.

(2) 에세이 작성(Essay)

면접관의 가이드라인에 맞춰 약 20분의 시간 동안 에세이를 A4 한 장 분량으로 작성한다. 주제를 받은 후 어떻게 에세이를 작성할지 마인드맵을 그리며 서론, 본론, 결론을 짧게 정리한다. 간혹 에세이를 바탕으로 최종면접 질문이 이뤄지기 때문에 이를 참고해서 작성하자.

(3) 파트너 소개하기(Partner instruction)

이 전형방법은 처음 만난 파트너와 얼마큼 친근하게 대화를 잘 이끌어나가고 타인에 대한 파악과 소개를 얼마큼 긍정적으로 잘할 수 있는지를 평가한다. 여행, 음식, 영화 등 취미에 관한 주제가 주어지기도 한다.

(4) 그림묘사(Picture discription activity)

말 그대로 그림을 보고 이를 묘사하는 방법이다. 사실을 있는 그대로 묘사하며 간혹 면접관이 사진을 보고 다음에 어떤 일이 발생할지 등을 추가로 질문하기도 한다.

(5) 아티클 요약(Article summary)

면접관이 제시하는 아티클을 보고 그것을 소리내어 읽고 내용을 요약하는 것이다. 바른 자세로 정확한 발음과 억양으로 읽고 내용을 요약하면 된다. 지원하는 항공사의 최신뉴스나 정보를 요약해보는 것도 좋다.

🔑 기출예제

- Whether they're flying alone or with their families, we make sure our youngest travellers receive the utmost care and attention. The special treatment begins the moment you contact us to make a reservation and continues throughout the entire flight experience. We offer separate check-in facilities for young passengers travelling alone, and dedicated OOairline staff members to accompany them to and from the aircraft. We also provide priority boarding for families with young children, and every plane is equipped with changing tables and bassinets for your comfort and convenience.

2. 항공사 면접 준비

❀ 면접 평가 요소

평가 요소	평가 내용	평 가
이미지	자세가 바른가	
	용모가 단정한가	
	표정이 밝은가	
	복장이 깔끔한가	
스피치	정확한 발음	
	알맞은 목소리 톤	
	적당한 말의 속도	
	따뜻한 말씨	
	적절한 시선처리	
	경청 및 이해력	
	표현력	
성격	성실성	
	지구력	
	적극성	
	명랑성	
	침착성	

평가 요소	평가 내용	평 가
업무지식	자기표현력	
	정확성	
	사고력	
	창의력	
	위기대처능력	
포부	목표의식	
	직업의식	
	자기계발	
외국어능력	의사소통능력	
교양	상식/지식	
기타	특기	

① 면접복장

(1) 여성

여성의 면접복장은 객실 승무직과 지상직 모두 최대한 단정하고 깔끔해야 한다. 흔히 면접복장으로 검정색 H라인 스커트와 흰색 블라우스를 떠올리지만 일부 항공사에서는 획일적인 면접복장 대신 자신에게 어울리고 자신의 장점을 잘 살릴 수 있는 복장과 헤어스타일을 하도록 권한다. 따라서 자신의 체형과 자신의 피부톤에 어울리는 디자인과 컬러의 복장을 선택하면 된다.

스커트의 경우 면접 시 주로 A-라인 스커트와 H-라인 스커트를 입는다. A-라인 스커트의 경우 허리, 힙, 그리고 허벅지 등을 커버해주기 때문에 어떤 체형이라도 무난하게 소화할 수 있다. 키가 작을 경우 엠파이어 스커트 형식의 웨이스트라인이 허리보다 약간 위로 오는 스커트를 입어 하체를 길어 보이게 할 수 있다. 하지만 대부분의 경우 면접 스커트는 항공사 유니폼 디자인과 같은 H-라인 스커트를 착용한다. H-라인 스커트는 허리-힙 라인을 더 잘 드러냄과 동시에 하체를 좀 더 날씬해 보이게 하는 효과가 있다. 아래 그림과 같이 검정 스커트에 흰색 블라우스는 기본 스타일이고 핑크와 아이보리, 블루 색상의 스커트를 선택할 수 있다. 정상체형이라면 어느 색상이든 무난하다.

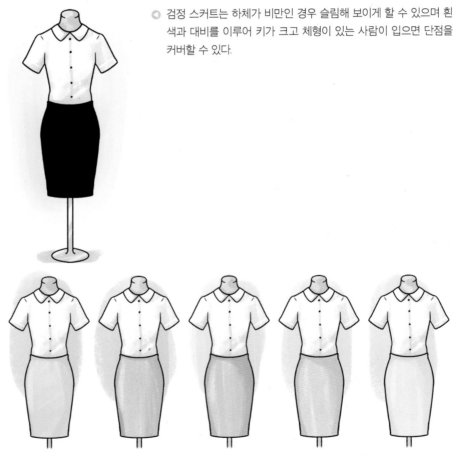

◐ 검정 스커트는 하체가 비만인 경우 슬림해 보이게 할 수 있으며 흰색과 대비를 이루어 키가 크고 체형이 있는 사람이 입으면 단점을 커버할 수 있다.

◔ 아이보리와 핑크 등의 연한 색상은 키가 작고 마른 체형의 사람이 입게 되면 좀 더 키가 커 보이게 하고 체형이 있어 보이게 하며 자칫 날카로워 보일 수 있는 이미지를 부드럽게 연출할 수 있다.

블라우스는 반팔이 기본이며 자신의 체형에 따라 다양하게 선택할 수 있다.

◁ 여성스러운 이미지로 얼굴형이 길고 목이 굵은 사람에게 어울리며 팔이 다소 굵은 사람이 착용하면 단점을 보완할 수 있다.

◁ 도시적이고 세련된 이미지 연출이 가능하며 목이 가늘고 어깨가 좁은 경우 커버가 가능하다. 단, 깃이 높아 다소 차가워 보일 수 있으니 주의하자.

◁ 기본 스타일로 귀여운 이미지 연출이 가능하다. 얼굴이 갸름한 사람에게 어울리며 얼굴이 둥근 사람은 피하자.

◔ 조금은 지적으로 보이게 하며 얼굴이 둥근 사람
에게 어울린다. 어깨가 좁은 경우 이를 커버할 수
있다.

◔ 'V'형의 네크라인으로 얼굴형이 둥글고 목이 다소
굵은 사람에게 어울리며 체형이 크고 약간의 상
체 비만인 경우 이를 커버할 수 있다. 체형이 작거
나 상체가 왜소한 경우 어울리지 않으니 주의하자.

◔ 리본이 있어 우아하고 여성스러운 이미지 연출이
가능하며 목이 가늘고 긴 사람에게 어울린다. 상
체가 마른 체형이 입으면 리본으로 풍성함을 줄
수 있다.

다양한 컬러의 블라우스도 선택가능하다.

Tip! Make up & Hair-do

　메이크업의 경우 <Chapter 4>에서 기술했듯이 지원하는 항공사 유니폼을 고려하여 면접 메이크업을 한다. 이때 자신의 피부톤을 고려하는 것도 잊지 말자. 유니폼 환복 후 면접을 보는 경우 면접장소 방문 시에는 정장 또는 세미정장을 착용한다. 캐주얼을 입지 않도록 한다.

　진에어와 같이 캐주얼 복장을 입어야 할 경우 청바지 차림에 어울리는 상의를 선택하며 메이크업 역시 캐주얼함에 어울리는 너무 진하지 않은 메이크업이 되도록 주의하자. 젊고 활기차며 더불어 단정해 보이도록 하는 것이 포인트다. 헤어는 일반적으로 승무원들이 하는 번헤어스타일(Bun hairstyle)과 포니테일스타일(Ponytail)의 묶음머리를 한다. 특히 모자를 착용하는 아시아나의 경우 묶음머리를 하는 것이 일반적이다. 하지만 짧은 머리도 허용을 하는 항공사에 응시를 한다면, 자신에게 어울리는 다양한 헤어스타일을 연출해보고 자신의 얼굴형에 제일 잘 어울리는 스타일을 찾도록 한다. 외국 항공사의 경우 메이크업을 국내 항공사보다 조금 진하게 해도 무방하며 입술을 유니폼 컬러에 맞춰 포인트를 주어도 좋다.

(2) 남성

　면접 시 특별한 제안이 없는 경우 복장은 기본 정장으로 한다. 기본 정장이란 같은 소재 같은 색상의 한 벌의 옷을 말한다. 사회초년생에게는 우리가 흔히 곤색이라고 하는 감색의 정장이 기본이다. 그리고 붉은 계열의 타이 또는 청색 계열의 타이가 무난하다.

　헤어는 머리가 흘러내리지 않고 이마가 보이도록 하며, 스킨케어 제품으로 피부톤을 정리하고 가볍게 남성전용 BB크림 등을 이용해서 얼굴을 커버한다. 이때 주의할 점은 베이스메이크업이 너무 두껍게 되지 않도록 하며 입술 등 전반적인 메이크업이 눈에 도드라지지 않게 자연스럽게 하는 것이 중요하다.

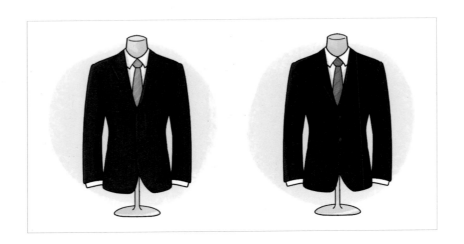

❀ 체크리스트(여성)

구분		체크 사항	YES	NO
머리	공통	머리가 청결합니다.		
		지나치게 염색하지 않은 자연스러운 머리색입니다.		
	짧은 머리	앞머리가 눈을 가리거나 옆머리가 흘러내리지 않습니다.		
		지나치게 머리가 짧거나 남성적인 이미지를 주지 않습니다.		
		뒷머리가 뻗지 않고 드라이로 정리가 잘되어 있습니다.		
	긴머리	잔머리를 헤어 제품으로 깔끔하게 정리하였습니다.		
		지나친 컬이 있는 파마 머리가 아닙니다.		
		뒷머리는 그물망으로 고정되어 있거나 정리가 잘되어 있습니다.		
얼굴		자신의 피부톤에 맞고 진하지 않은 자연스러운 베이스메이크업을 했습니다.		
		너무 진하지 않은 자연스러운 색조 메이크업을 했습니다.		
손		매니큐어를 하였습니다. (짧은 손톱에는 투명, 긴 손톱에는 컬러가 있는 매니큐어)		
		손이 트지 않고 손톱 주변 정리가 잘되어 있습니다.		

구분	체크 사항	YES	NO
정장	정장에 구김이 없습니다.		
	정장에 더러움이나 얼룩이 없습니다.		
	정장과 블라우스에 단추가 제대로 달려 있습니다.		
	정장 밖으로 속옷이 심하게 보이지 않습니다.		
	치맛단이나 바짓단이 뜯어져 있지 않습니다.		
	스커트 길이가 너무 짧지 않고, 바지는 너무 달라붙지 않습니다.		
소품	귀걸이, 목걸이, 반지, 팔찌, 브로치는 각각 1개 이하로 하고 있습니다.		
	시계는 패션시계나 만화시계가 아닌 정장에 어울리는 시계입니다.		
	반지는 폭 10mm 이내의 금, 백금, 은 소재의 반지를 착용하였습니다.(돌출형 반지 금지)		
	귀걸이는 5mm 이내의 1쌍을 착용하였습니다.(유색 보석류나 흔들거리는 디자인의 귀걸이는 금지)		
	컬러렌즈나 써클렌즈를 사용하지 않았습니다.		
	가방은 정장에 어울리는 핸드백을 하고 있습니다.		
	스타킹은 반드시 착용하였습니다.		
	여분의 스타킹을 가지고 있습니다.		
	구두굽이 너무 낡지 않았으며 구두가 깨끗이 손질되어 있습니다.		
	향수를 사용했습니다.		

❀ 체크리스트(남성)

구분	체크 사항	Yes	No
머리	머리가 눈썹, 귀, 셔츠에 닿지 않는 짧은 길이입니다.		
	청결한 상태이며 젤, 무스, 헤어스프레이로 정리가 되어 있습니다.		
	지나친 염색 또는 부분 염색이 되어 있지 않습니다.		
얼굴	면도가 되어 있습니다.		
	피부에 각질이 없고 피부톤이 정리되어 있습니다.		
	메이크업이 진하지 않습니다.		
정장	정장은 청결히 세탁된 상태입니다.		
	정장은 구김 없이 다림질이 되어 있습니다.		
	재킷의 단추는 싱글 정장일 경우 아랫단추는 채우지 않고, 더블 정장일 경우 모두 채웠습니다.		
	재킷 또는 바지 주머니가 불룩하지 않습니다.		
	셔츠의 모든 단추는 채워져 있습니다.		
	셔츠는 소매가 재킷 밖으로 1~1.5cm 정도 나와 있습니다.		
	바지 길이는 바짓단의 끝이 구두와 구두 굽의 경계선까지 닿을 정도입니다.		
기타	시계, 반지 1개, 넥타이핀, 벨트 이외의 불요한 액세서리를 착용하고 있지 않습니다.(목걸이, 팔찌 등 금지)		
	넥타이는 오염되거나 얼룩이 묻지 않았습니다.		
	넥타이 길이는 넥타이의 가장 넓은 부분이 벨트 버클을 가릴 정도입니다.		
	벨트가 눈에 띄지 않습니다.		
	손톱 길이는 짧게 정리되어 있습니다.(1mm 이내)		
	향수를 적절히 사용하였습니다.		
	구두는 잘 닦인 상태입니다.		

❀ **에미레이트 항공사 면접 드레스코드**

HAIR
Neatly tied back

FACE
With full make up

DRESS CODE
Business attire

SHOES
Wear heels

HAIR
Neatly presnted

FACE
Clean shaven

DRESS CODE
Suit/smart
Business attire

SHOES
Formal work shoes

2 표정

면접 시 얼굴 표정은 극도의 긴장감으로 근육의 떨림과 불안함이 있게 된다. 따라서 마인드컨트롤을 통해 마음의 안정을 취하는 것이 필요하다.

긴장완화 방법은 본 교재의 표정 훈련내용을 기본으로 한다. 눈썹-눈-입-턱-코 순으로 안면근육 운동을 하여 얼굴근육을 풀어준 후에 '위스키'로 미소 연습을 한다. 면접장으로 출근하면서부터 밝은 표정을 유지하도록 하고 면접 마치고 퇴근할 때까지의 모든 과정이 면접이라고 생각하자.

다음과 같은 표정은 주의하자.
• 자신의 답변이 만족스럽지 못했을 때 바로 시선을 떨구고 좌절하는 표정
 - 안타깝지만 그래도 웃자.

- 다른 면접자에게 질문과 관심이 있을 경우 서운한 표정
  - 자신에게 기회가 왔을 때 면접관의 시선을 잡자.
- 시선만 이동하여 자칫 흘겨보는 듯한 표정
  - 얼굴 전체를 움직여 시선을 마주하도록 하자.
- 다른 면접자가 답변하는 동안 자기 답변을 생각하며 멍하게 있는 표정
  - 면접관들은 이런 표정도 놓치지 않는다.
- 면접장 분위기가 화기애애할 때도 긴장한 무표정
  - 분위기에 맞는 얼굴 표정을 하자.
- 입만 웃는 로봇 같은 표정
  - 특히, 미소가 익숙치 않은 남자응시생들에게 주로 나타나는 표정이다. 자연스 러운 미소가 되도록 평소에 연습을 하자.

Tip! 긴장 극복방법!

조사에 따르면 10명 중 6명은 면접 시 극도로 긴장한다고 한다. 긴장을 하게 되면 심박수가 빨라지고 몸이 경직되며 머릿속 생각도 멈춘다.

오랫동안 준비하여 갖게 된 면접에서 긴장으로 인해 실력발휘를 못 한다면 굉장히 안타까운 일이다.

이미지트레이닝하기
- 면접준비와 면접실 입장, 면접관 대하기, 면접실 퇴장까지 머릿속으로 상황을 연출해보고 각 상황에서 해야 할 일, 돌발 상황이 생겼을 경우 어떻게 대처할지를 떠올려보자.

긴장된 근육 풀기
- 복식호흡으로 호흡을 가다듬고 온몸의 근육이 이완되도록 특히 얼굴 표정근육을 안면근육 훈련 (본 교재 참조)을 통해 부드럽게 만들자.

자신감을 위한 꾸준한 연습하기
- 매일 혼자 자신의 이야기나 일정 주제에 대해 5~10분 정도 꾸준히 이야기를 해본다. 즉흥적인 상황을 묘사하는 것도 도움이 된다. 즉, TV의 예능 프로를 보면서 해설자가 되어 묘사해보는 것도 좋은방법이다.

마인드컨트롤하기
- 긴장하지 않고 스피치를 잘할 수 있는 방법 중 하나가 청중들이 내 편이라고 생각하는 것이다. 면접관은 나를 탈락이 아닌 합격을 시키기 위한 사람이라고 긍정적으로 생각하자.

프랭클린 루스벨트는 긴장을 풀기 위해 청중들이 구멍 난 양말을 신었다고 상상했으며 윈스턴 처칠은 청중들이 벌거벗었다고 생각하며 긴장을 풀었다고 한다. 명연설가들도 긴장하는 것은 마찬가지며 중요한 것은 각자 자기만의 방법으로 극복을 한다는 것이다.

❸ 인사 및 자세

(1) 면접 대기 시

대기하는 것도 면접으로 생각하자. 입실 전 면접장 앞에서 대기 시 앉아 있는 경우 본 교재를 참고하여 바르게 앉는다. 앉아 있을 때에는 허리와 의자 사이에 주먹 하나 들어갈 정도로 앉고 허리를 바르게 편다. 다리는 사선으로 '11'자 모양이 되도록 정돈한다.

(2) 입실 시

바른 워킹 자세로 입실한다. 이때 주의할 점은
- 턱을 너무 들지 않는다.
- 시선은 정면을 향한다.
- 양팔을 자연스럽게 앞뒤로 흔든다.
- 무릎이 살짝 스치듯이 걷는다.
- 발은 11자가 되도록 한다.
- 신발 끄는 소리를 내지 않는다.
- 구두굽 소리가 너무 크지 않게 한다.(면접 전 구두굽 필히 확인)

(3) 인사 시

바르게 선 자세에서 두 손을 모아 공수한 후
- 수험번호에 따라 구령담당자가 인사구령을 외치면 30도 보통례로 인사한다.
- 머리-등-허리가 일직선이 되도록 하고
- '솔' 음으로 '안녕하십니까?' 인사하며 인사말 끝에 허리를 숙인다.

- 잠시 멈춘 후 원위치 한다. 퇴장 전 인사도 끝까지 아이콘택트와 부드러운 미소를 잊지 말자.

④ 커뮤니케이션

(1) 듣기

면접관을 응시하며 질문의 의도를 파악한다. 이해되지 않을 경우 잘못된 답변을 하는 것보다는 다시 한번 질문을 요청하는 것이 낫다. 압박질문이나 높은 지적수준을 요하는 질문을 받았을 때도 당황하지 말고 끝까지 잘 경청하여 질문의 의도를 파악한다.

타인에게 질문 시에도 경청해야 한다. 옆 지원자와 같은 질문을 하거나 다른 지원자의 의견에 어떻게 생각하는지에 대한 질문이 있을 수 있다.

(2) 말하기

면접 시 전반적인 외적 이미지가 먼저 체크된다. 하지만 말하는 순간 그 응시생의 당락이 결정된다. 아무리 좋은 외적 이미지를 갖고 있다 하더라도 고객을 응대하는 항공사 직원으로서 말하기 능력은 결정적 요소가 된다. 주의해야 할 점을 알아보자.

❶ 정확한 발음, 속도, 강세, 부드러운 어미 처리하기

면접이라 긴장할 경우 자칫 혀의 움직임이 꼬이면서 발음이 부정확해지고 말이 빨라지는 경우가 있다. 면접관이 편하게 느낄 수 있도록 긴장을 풀고 적절한 속도로 정확하게 이야기를 하자. 면접 전 아-에-이-오-우로 입 주위 근육을 풀며 'R' 발음을 반복해서 하면서 혀의 움직임을 자연스럽게 하자. 말할 때의 웃는 얼굴은 전체적으로 말을 따뜻하고 편안하게 해준다.

❷ 두괄식으로 결론부터 답변하기

질문에는 결론부터 이야기한 후 그 이유에 대해 설명한다. 답변이 너무 길지 않도록 주의하자.

❸ 경어, 존칭어 사용 시 주의하기

적절한 경어와 존칭을 사용해야 한다. 이중 존칭, 즉 '님, 께서의 극존칭'은 피하자. 면접관 앞에서 '○○○ 승무원님께서'라는 표현보다는 '○○○ 승무원이'가 맞다. '우리 ○○○대학'은 이 아니고 '저희 ○○○대학'이 맞다. 상대방과 같은 조직에 있을 때는 '우리'이고 그렇지 않을 경우에는 '저희'라는 표현을 쓴다. 또한 우리가 실수하는 것 중의 하나가 사물존칭이다. '문이 닫히셔서', '기념품이 모두 소진되셔서' 같은 사물존칭을 쓰지 않도록 한다.

경어체와 반경어체, 즉 '다까체'와 '요조체'를 7:3의 비율로 적절히 사용해서 어린아이와 같은 말투 또는 너무 딱딱한 말투가 되지 않도록 한다.

❹ 은어, 비속어, 줄임말 지양

요즘은 은어와 줄임말이 넘쳐나는 시대이다. 심지어 바른 언어문화를 만들어가야 할 공중파와 같은 매체에서도 줄임말이 다반사로 사용된다. 면접 시에는 지양하자.

❺ 자신감 있고 성의 있는 답변하기

비록 예상치 못한 질문이나 자신의 단점을 드러내야 하는 압박질문을 받았을 경우에도 당황하지 말고 자신감 있게 솔직하게 이야기하자. 말의 내용보다 그러한 질문을 받았을 때 응대하는 모습을 평가한다.

❻ 자기만의 스토리를 말하기

많은 지원자를 면접해야 하는 면접관 입장에서는 흔한 지원동기, 흔한 자기소개는 식상하다. 면접관의 귀를 열게 해주고 한번 더 관심을 갖게 해주는 자기만의 스토리를 만들어야 한다. 이것은 자신만이 이끌어낼 수 있는 부분이다. 어린 시절 성장배경부터 지금까지 나 개인에게 어떤 사건들이 있었는지 내 인생 10대 뉴스를 떠올려보고 내 인생에 영향을 미친 사건들, 지금까지 살아오면서 노력을 해서 이룬 결과들 그리고 어려움을 극복한 자기만의 경험들을 기록해본다. 이러한 리마인드 연상법으로 지금의 내가 있기까지 있었던 과거의 일들을 정리하는 것이 필요하다. 또한 학창시절, 자신의 성격, 자신의 꿈 등 몇 가지 키워드로 마인드맵을 그려보면서 나를 들여다보고 나의 이야기를 끄집어내서 그것을 항공사 직원이 되기 위한 나만의 스토리로 만들어야 한다. 소위 디자인을 해야 한다. 이것은 면접 준비에 있어서 가장 핵심이 되는 부분이다.

구분	사건 나열 (구체적으로 작성)	사건의 제목 만들기	희망하는 직업과의 연관성
유년기			
성장기(초등)			
성장기(중등)			
성장기(고등)			
대학			
기타			

3. 항공사 면접 기출문제

다음 항공사 면접 기출문제를 살펴보고 알맞은 답변을 준비해보자.

❀ **면접관의 기억에 남을 자기소개를 해보자.**

❁ 지루해하시는 승객에게 추천하고 싶은 책이나 영화는 무엇인가?

❁ 자신의 성격에 대해서 말해보자.

❀ 자신의 성장 과정에 영향을 끼친 사람이나 사건이 있는가?

❀ 자신이 얼마짜리 가치가 있다고 생각하는가?

❀ 최근에 가장 열중하고 있는 일은 무엇인가?

❀ 진정한 친구의 의미는 무엇인가?

✿ 항공사 객실 승무직/지상직의 장점과 단점이 있다면 어떤 것이 있는가?(자신의 목
표에 맞춰 답변해보자.)

✿ 항공사 지상근무와 승무원의 차이점을 알고 있다면 이야기해보자.

❀ 외국 항공사에 근무하면 외로울 텐데 어떻게 극복할 생각인가?

❀ 왜 우리 항공사에 지원하였는가?(국내외 항공사별로 목표 항공사를 정한 후 답변해
보자.)

❀ 우리 회사의 광고에 대한 이미지는 어떠한가?(목표 항공사를 정해 답변해보자.)

❀ 봉사활동이 있다면 그 경험과 느낀점을 말해보자.

❀ 인생의 목표는 무엇인가?

❀ '팀워크'는 무엇이라고 생각하는가?

❊ 외국어가 중요한데 어떻게 준비하고 있는가?

❊ 인류 최후 생존자 5명을 선택하라면 누구를 선택하겠는가?

1 개인 신상에 관한 질문

- 자기 PR을 1분 내로 해보세요.(시간을 꼭 지키도록 한다.)
- 수험번호, 이름, 전공을 넣어서 간단하게 자기소개를 해보세요.
- 본인 자랑을 해보세요.
- 자기소개를 짧게 해주세요.
- 개성 있는 자기소개를 해보세요.
- 이름, 지원번호, 간단한 이력에 대해 확인할 수 있도록 소개해보세요.
- 자신에 대해 사자성어로 표현해보세요.
- 자신에게 가장 소중한 것은 무엇입니까?(유형1, 무형1)
- 자신에게 가장 큰 도전은 무엇입니까?
- 자신을 표현할 수 있는 영어단어, 한글단어, 고사성어를 각각 한 가지씩 말해보세요.
- 자신의 매력 포인트는 무엇이라고 생각하십니까?
- 자신의 버릇 중에서 나쁜 버릇 또는 고쳐야 할 버릇이 있다면 무엇입니까?
- 자신의 성격에 대해서 말해보세요.
- 스트레스를 언제 가장 많이 받습니까?
- 성격의 장점과 단점을 말해보세요.
- 본인의 단점을 어떻게 개선했는지도 말해보세요.
- 성격이 소극적인 거 같은데, 본인 성격은 어떠세요?
- 평소 성격이 활달한 편인가요?
- 원래 목소리가 그렇게 큰가요?
- 친구들이 본인에 대해서 어떤 성격이라고 말하나요?
- 부모님이 본인에 대해서 어떤 성격이라고 말하나요?
- 본인이 가진 성격 중 승무원 직업에 가장 잘 어울리는 성격은 무엇인가요?
- 본인의 가장 좋은 성격 & 나쁜 성격 한 가지씩만 말씀해주세요.
- 자신의 자질 중 장점과 올해 꼭 고치고 싶은 점은 무엇입니까?
- 자신의 성격 중에서 고치고 싶은 점은 무엇입니까?
- 자신의 성격과 승무원의 덕목과의 연관성을 말해보세요.

- 자신의 성격을 3가지 형용사로 표현해보세요.
- 자신의 성격의 장점은 무엇입니까?
- 집안의 가훈에 대해 이야기해주세요.
- 외동딸/맏딸/막내의 장점과 단점에 대해 이야기해보세요.
- 아버지의 직업은 무엇입니까?
- 아버지가 퇴근하시면 주로 어떤 대화를 나누십니까? 평상시의 대화내용은 무엇인가요?
- 집안에 가훈이 있습니까? 가훈을 실천해본 경험이 있다면 사례를 들어 설명해보세요.
- 가족들은 승무원이 된다는 것에 어떻게 생각하시나요?
- 평소 부모님의 가르침은 무엇이었습니까? 어떤 교육을 받으면서 자랐습니까?
- 건강관리는 어떻게 하시나요?
- 자신의 성장 과정에 지대한 영향을 끼친 사람이나 사건이 있습니까?
- 자신의 얼굴 중에서 고치고 싶은 부분은 어디인가요?
- 자신의 외모 중에서 가장 매력적이라고 생각되는 부분은 무엇입니까?
- 자신의 첫인상에 대해서 남들이 뭐라고 합니까?
- 자신이 얼마짜리 가치가 있다고 생각합니까?
- 자신이 추구하는 스타일은 무엇입니까?
- 잘 웃는 편인가요? 자신의 미소에 대해서 어떻게 생각하십니까?
- 저축은 합니까? 통장은 있습니까? 남아 있는 잔액은요?
- 좋아하는 요리에 대해 말해보세요.
- 지금까지 살면서 가장 재미있었던 일은 무엇입니까?
- 지금까지 좌절감을 맛보았던 적이 있습니까? 어떻게 극복했는지 설명해주세요.
- 첫 월급을 타면 어디에 쓸 계획입니까?
- 최근에 가장 슬펐던 일, 최근 가장 가슴 아팠던 일이 있었습니까? 어떻게 극복하였나요?
- 최근에 가장 열중하고 있는 일은 무엇입니까?
- 최근에 가장 잘했다고 생각하는 일은 무엇입니까?
- 취침시간과 기상시간은 언제인가요?
- 취미는 무엇입니까?

- 특기에 대해 이야기해보세요.
- 평소의 뷰티 관리법애 대해 말해보세요.
- 한 달에 용돈을 얼마나 쓰시나요?
- 화장하는 데 시간이 얼마나 걸리나요?
- 헌혈을 해보셨나요? 헌혈의 의미가 무엇일까요?
- 지원자 가정은 어떤 가정입니까? 어떤 교육지침을 갖고 있나요?
- 부모님으로부터 영향을 받은 것은 무엇이라고 생각하십니까?
- 가장 친한 친구에 대해 소개해보세요.
- 당신의 친구는 당신에 대해서 뭐라고 말하십니까?
- 가장 친한 친구가 빚보증을 원한다면 어떻게 할 것입니까?
- 사랑과 우정 중에 어떤 것을 선택하시겠습니까?
- 외국인 친구가 있습니까?
- 진정한 친구의 의미는 무엇일까요?
- 최근에 친구와 심하게 다툰 적이 있었다면, 언제, 어떤 일 때문이었습니까?
- 친구가 많습니까? 친한 친구가 몇 명 정도 있습니까?
- 친구들에게 어떤 평가를 받고 있다고 생각하십니까?
- 친구와 사귀는 데 있어서 가장 중요하다고 생각되는 것은 무엇입니까?
- 친한 선후배 한 사람씩만 소개해보세요.
- 친한 친구를 만나면 주로 무엇을 하나요?
- 최근에 읽은 책에서 당신이 얻은 교훈은 무엇입니까?
- 지루해하시는 승객에게 추천하고 싶은 책/영화는?
- 기억에 남는 여행이 있다면 말씀해보세요.
- 어떤 음악을 좋아하세요? 즐겨 부르는 노래는?
- 여가를 어떻게 보내고 있습니까? 주말엔 주로 무엇을 하면서 보내시나요?
- 자주 보는 텔레비전 프로그램은 무엇입니까?
- 좋아하는 스포츠 팀이나 선수를 말해보세요.
- 좌절에 빠진 친구에게 추천해주고 싶은 책과 그 이유는 무엇입니까?
- 최근에 본 영화 중에 특히 감명 깊었던 것은 무엇입니까?
- 해외 중 어느 곳을 가장 먼저 가보고 싶습니까? 그 이유는 무엇입니까?

② 직업관에 관한 질문

- 본인이 생각하는 직업관에 대해서 말씀해보세요.
- 항공사 직원으로서 가져야 할 책임감은?
- 자신의 어떤 점이 항공사 서비스업무에 적합한지 말해보세요.
- 자신의 성격 중 어떤 부분이 객실 승무원/지상직으로서 일하는 데 도움이 될지 말해보세요.
- 객실 승무원이 다른 회사의 일반직과 다른 장점과 단점을 말해보세요.
- 객실 승무원/지상직이 하는 일이 무엇이라고 생각하세요?
- 객실 승무원/지상직은 어떤 직업인가요?
- 항공사 퇴사 후 얻어갈 수 있는 것 한 가지 말해보세요.
- 지상직/승무원이 갖춰야 할 덕목이 몇 가지 있는데 그 덕목 이외에 여러분이 갖춰야 할 덕목은 무엇인지 말씀해주세요.
- 지상직/승무원으로서 자신만의 경쟁력은 무엇이라고 생각하세요?
- 자신이 가진 승무원/지상직의 자질 중 가장 부족한 점이 무엇인지 말해보세요.
- 자기 전공이 기내 서비스에 어떻게 도움이 될지 말씀해보세요.
- 여러분은 면접을 이미 많이 봤으리라고 생각이 됩니다. 이 짧은 시간에 어떤 점을 중점적으로 봤으면 좋겠어요?
- 본인의 이미지가 승무원/지상직에 적합하다고 생각하세요?
- *승무원/지상직 덕목 지덕체에 대해서 말씀해보세요.
- 유니폼 입은 승무원을 보면 어떤 생각이 드나요?
- 승무원의 직업윤리는 무엇입니까?
- 항공사 직원이 되면 무엇이 가장 좋을 것 같습니까?
- 승무원/지상직의 직업을 제외한 직업을 가지게 된다면 어떠한 직업을 가지고 싶은지요?
- 만약에 불합격하면 어떻게 하시겠어요? 그 이유는 무엇이라고 생각하십니까?
- 몇 번째 응시입니까?
- 바람직한 승무원의 자세에 대해 말해보세요.
- 승무원/지상직에게 필요한 덕목은 무엇이라고 생각하십니까?
- 항공사 직원이 되면 어떤 일이 가장 먼저 하고 싶습니까?

- 왜 다른 지원자보다 당신을 채용해야 한다고 생각하십니까?
- 이상적인 승무원/지상직이 되기 위해 평소에 어떤 노력을 하십니까?
- 혹시 퇴사를 할 경우 어떤 이유로 퇴사를 할 것 같으십니까?
- ○○항공이 당신을 뽑아야 하는 이유는 무엇인가요?
- 항공사 승무원/지상직 직업의 장단점에 대해서 말씀해보세요.
- 승무원으로 지원이 가능한테, 왜 지상직 서비스인턴으로 지원하셨나요?

3 전공 및 학교에 관한 질문

- 동아리 경험이 있으면 한 가지 말해주세요.
- 왜 학교 다니면서 동아리 활동을 하지 않으셨나요?
- 봉사활동의 경험과 느낌을 말해보세요.
- 동아리나 서클활동을 하면서 대표를 맡아본 경험이 있으십니까?
- 지금 학교를 선택하게 된 특별한 이유가 있나요?
- 본인 학교 자랑을 한번 해보세요.
- 학교 소개를 영어로 해보세요.
- 초, 중, 고, 대학시절 통틀어서 자신이 리더였을 때 잘했던 점과 잘못했던 점에 대해서 말씀을 해주세요.
- 학교 주변 좋은 장소를 추천해보세요.
- 대학생활 중 자신이 중점적으로 활동했던 부분은?
- 대학생 때 자격증 딴 게 있습니까?
- 다시 대학으로 돌아간다면, 어떤 것을 가장 해보고 싶으세요?
- 대학생활 중에 좋았던 점과 아쉬웠던 점은?
- 학교생활 중의 가장 아쉬웠던 점과 좋았던 점에 대해서 말씀해보세요.
- 대학 4년 동안 가장 보람 있었던 일을 말해보세요.
- 학과에서 배운 것 중 가장 인상 깊었던 것은?
- 여대를 나오셨는데 여대의 장점에 대해서 말해보세요.
- 학창시절 기억에 남는 활동을 말해보세요.
- 학교생활 중에 단체생활했던 것에 대해서 말해보세요.
- 대학생활이 기업 내에서 어떠한 영향을 끼칠 것 같습니까?

- 요즘은 연수 혹은 교환학생이 많은데 왜 학창시절에 가지 않으셨나요?
- 1년 휴학하셨는데 그 기간에 뭐 하셨나요?
- 전공에 대해서 설명해보세요.
- 자신의 전공에 대해 자랑해보세요.
- 본인 전공 소개를 영어로 해보세요.
- 전공 선택에 후회는 하지 않으시나요?
- 고등학교로 다시 돌아간다면 어떤 전공을 선택하고 싶으세요?
- 승무원이 어렸을 때부터 되고 싶었다면, 왜 항공 관련한 전공을 선택하지 않으 셨는지요?
- 보통 자신의 전공 후 진로를 어디로 정하나요?
- 진로를 결정하는 데 가장 도움을 준 사람은 누구였나요?
- 전공 공부 중 힘들었던 적은 없으셨나요?
- 학점이 왜 이렇게 좋지 않은가요? 공부 열심히 안 하셨나요?
- 어떤 수업을 주로 들으셨나요?
- 졸업반이신데 같은 과 학생들은 주로 어디로 취업하길 선호하나요?
- 지금 3학년인데 지원을 하셨는데 왜 4학년 때 지원을 하지 않고 이렇게 일찍 지원을 하셨나요? 학교가 그렇게 중요하지 않나요?
- 학과생활 중 힘들었던 과목에 대해서 말씀해보세요.
- 전공과 관련해서, 이 분야에서 어떻게 본인의 전공이 활용이 될 것 같은가요?
- 전공이 ○○인데요, 승무원이랑 관련이 없는 거 같은데 왜 승무원을 지원하셨 는지요? 전공을 살려나가는 것이 더 현명하지 않을까요?
- 일어를 굉장히 잘하시는데요, 일어 시험 성적은 어떻게 되나요?
- 대학생활 중 기억에 남는 교양 수업은 무엇인가요?
- 전공 언어로 오늘의 날씨에 대해서 알려주실래요?
- 본인의 전공과 서비스인턴의 연관성은 무엇인가요?
- 실습이나 관련된 경험을 한 적이 있나요?

❹ 해외경험 및 연수경험과 외국어능력에 관한 질문

- 해외연수 경험에 대해서 말씀해주세요.

- 유럽여행 중 어디가 가장 좋았나요?
- 여행을 하면 돈이 굉장히 많이 들었을 텐데, 여행 경비는 어떻게 마련했나요?
- 여행하면서 힘든 건 없었나요?
- 여행하면서 무엇을 느꼈나요?
- 연수 다녀오셨나 보네요. 영어로 있었던 일이나 하고 싶은 말씀을 해보세요.
  (자기소개 제외)
- 연수 경험을 영어로 말씀해보세요.
- 호주 갔다가 오셨는데요, 호주사람이랑 한국사람이랑 무엇이 다르나요?
- 유학 중 문화적 충격이 어떤 것이 있었어요?
- 연수 중 가장 먹고 싶었던 음식이 무엇이었나요?
- 많은 대학생들이 연수를 가거나 인턴십을 가는데, 본인은 왜 이런 경험을 안 했어요?
- 일 년에 연수하는 데 비용이 어떻게 드나요? 그 비용은 부모님이 부담하셨나요?
- 미국으로 6개월 연수 갔다가 오셨는데 영어가 많이 늘었나요?
- 여행을 하면서 언제 한국인이라는 게 가장 자랑스럽던가요?
- 어학연수의 장단점에 대해서 말씀해보세요.
- 꼭 연수를 가야지만 영어를 잘할 수 있다고 생각하시나요?
- 필리핀은 연수하기 어떤가요?
- 그곳에서 어떻게 공부를 하고, 생활을 했는지 영어로 말씀해보세요.
- (캐나다 연수 경험 지원자) 연수 갔다가 온 것 치고, 왜 이렇게 영어 면접을 못 보셨나요?
- 어학연수를 다녀온 적이 있습니까?
- (영어성적이 좋지 않은 사람에게) 토익점수가 낮은데 비행근무를 할 수 있다고 생각합니까?
- (JPT, JLPT 자격증이 있는 경우) 어떤 시험인지 설명해보세요.
- 당신의 이력서에 중국어를 잘한다고 했는데, 어디에서 공부했습니까?
- 승무원에게 외국어가 왜 중요하다고 생각합니까?
- 어학연수를 가면 한국사람들끼리 어울린다던데, 어떻게 공부했습니까?
- 영어방송문을 한번 읽어보세요.
- 영어 외에 할 수 있는 외국어가 있습니까? 자격증이 있습니까?

- 영어가 왜 세계 공통어라고 생각합니까?
- 영어로 자기소개를 해보세요.
- 영어와 다른 외국어 중 무엇이 더 편합니까?
- 영어회화는 어느 정도 가능합니까? 자신이 있습니까?
- 외국어가 중요한데 어떻게 준비하고 있습니까?
- 이 한자를 한번 읽어보세요.
- 일본어 자격증을 갖고 있습니까?
- 제2외국어 수준은 어느 정도 됩니까?
- 토익점수가 낮은데 그 이유는 무엇입니까?
- 학과에 원어민 영어교수님이 있습니까?
- 회화와 작문 중 어떤 것을 잘합니까?

5 항공사 관련 질문

- 우리 항공사 인터넷 홈페이지를 알고 있습니까? 장단점은?
- 우리 항공사의 이미지가 어떻습니까?
- 우리 회사 광고 중에 가장 인상 깊었던 것을 말해보세요.
- 우리 회사 사장님 함자를 알고 있습니까?
- 우리 회사 승무원이 갖춰야 할 자질 3가지를 말해보세요.
- 우리 회사 외에 다른 회사에 지망한 적이 있습니까?
- 우리 회사 취항국가 현황에 대해 말해보세요.
- '○○항공' 하면 무엇이 생각납니까? 우리 회사 하면 제일 먼저 떠오르는 것은 무엇입니까?
- 우리 회사의 서비스 상품 중 알고 있는 것은 무엇입니까?
- 우리 회사에 어떻게 공헌할 수 있습니까?
- 우리 회사의 서비스를 이용해보신 적이 있습니까? 그 서비스를 평가한다면?
- 우리 회사의 최근 유니폼, 기내 인테리어, 서비스 변화에 대한 당신의 생각은 어떻습니까?
- 우리 회사의 어떤 점에 가장 관심이 있습니까?
- 우리 회사가 민영화한 해를 알고 계십니까?

- 우리 회사가 보유하고 있는 비행기 수는 총 몇 대인지 알고 계십니까?
- 우리 회사가 세계 항공사와 대비한 외형적 규모를 말해보세요.(여객/화물)
- 우리 회사가 전 세계적으로 취항하고 있는 나라 수와 도시 수를 말해보세요.
- 우리 회사가 최근 들여온(들여올 예정인) 최신 비행기 이름을 말해보세요.
- 타 항공사에 비해 우리 회사의 강점은 무엇이라고 생각합니까?
- 우리 회사가 현재 보유하고 있는 항공기 유형(type)은 무엇인지 알고 계십니까?
- 우리 회사를 한 단어로 표현해보세요.
- 우리 회사에 근무하는 사람이 몇 명이나 되는 줄 알고 계십니까?
- 우리 회사에 대한 부정적 평가에 대해 들어본 적이 있습니까? 있다면 무엇입니까?
- 우리 회사에 대해 아는 것이 있다면 무엇이 있습니까?
- 우리 회사에 들어오기 위해 본인이 특별히 노력한 것이 있습니까?
- 우리 회사에 들어오면 무엇을 얻을 수 있다고 생각합니까?
- 주위에 우리 회사에 대해 아는 사람은 있습니까? 우리 회사에 대해 이야기 들은 적이 있습니까?
- 우리 회사에 지망하겠다고 마음먹은 것은 언제부터이며, 어떤 이유입니까?
- 우리 회사에서 어느 정도의 직책까지 오르고 싶습니까?
- 우리 회사와 자신의 이미지가 어느 면에서 잘 맞는다고 생각합니까?
- 우리 회사와 타 항공사를 비교해보았을 때 어떻게 개선해야 한다고 생각합니까?
- 우리 회사의 기업문화에 대해 말해보세요. 우리 회사의 모토를 알고 있습니까?
- 우리 회사의 기존 이미지와 새로운 이미지의 차이점을 말해보세요.
- 우리 회사의 단점을 이야기해보세요.
- 우리 회사의 사훈은 무엇인지 알고 계십니까?
- 우리 회사 기내 서비스의 장단점은?
- 우리 회사의 앞으로의 전망을 말해보세요.
- 집에서 회사까지 얼마나 걸립니까?
- 최근 바뀐 우리 회사의 광고 중 가장 인상 깊었던 것은 무엇입니까?
- 최근 본 우리 회사에 대한 뉴스를 말해보세요.

- 우리 회사의 취항노선이 몇 개인지 알고 계십니까?
- 타 항공사 광고와 우리 회사 광고의 차이점을 설명해보세요.
- 회사에 대한 관심과 열정을 표현해보세요.
- 우리 회사에 제안할 만한 공항서비스가 있나요?

❻ 서비스마인드에 관한 질문

- 본인이 생각하는 진정한 서비스에 대해서 말해보세요.
- ○○항공 이용 시 승객으로서 불편했던 점에 대해 말씀해보세요.
- 본인이 할 수 있는 기내 이벤트에 대해서 말씀해보세요.
- 다른 항공사를 이용해본 경험 중에 자신이 받은 최고의 서비스는 무엇입니까?
- 지금까지 서비스 받았던 경험 중 가장 좋았던 것을 말해보세요.
- 고객만족과 그 예도 하나씩 말해보세요.
- 서비스가 무엇이라고 생각하세요? 자신이 받았던 서비스나 주었던 서비스와 같은 경험적 측면을 바탕으로 말씀해보세요.
- 항공사의 최고의 서비스란 무엇이라 생각하는지요?
- 고객이 욕설을 한다면 어떻게 하시겠어요?
- 고객이 어려운 부탁을 한다면 어떻게 하시겠습니까?
- 누가 당신에게 월급을 준다고 생각하십니까?
- 고객을 설득할 수 있는 지원자만의 방법이 있습니까?
- 미소란 무엇일까요?
- 불쾌한 서비스를 받았다면 어떻게 대처하시겠습니까?
- '진정한 서비스'란 어떤 것일까요?
- 서비스에서 중요하다고 생각하는 것은 무엇인가요?
- 승객에게 좋은 서비스를 할 수 있는 자신만의 노하우를 말씀해보세요.
- 어떤 고객이 응대하기 힘든 고객인지 말씀해보세요.
- 까다로운 고객은 어떻게 만족시키시겠습니까?
- 지금까지 받았던 서비스 중에서 가장 기분 나빴던 서비스는 언제였는지 말씀해주세요.

7 직장, 경력에 관한 질문

- 자신에게 있어서 직장의 의미를 말해보세요.
- 직장과 학교의 차이점은 무엇이라고 생각합니까?
- 조직사회에서 당신이 열심히 일했는데도 불만을 들으면 어떻게 할 것입니까?
- 직무상의 적성과 보수의 많음 중 어느 것을 택하시겠습니까?
- 직장 상사와 업무상 심한 의견충돌이 있다면 상사와의 불화를 어떻게 처리할 생각입니까?
- 직장은 당신에게 어떤 의미를 준다고 생각합니까?
- 당신에게 취직이란 어떤 의미가 있습니까?
- 만약 입사를 하게 되면 우리 회사에서 어떤 역할을 맡고 싶나요?
- 갑작스런 일이 주어졌는데 사전에 다른 약속이 있다면 어떻게 하시겠습니까?
- 기업 입장에서 어떤 정신자세를 요구한다고 생각합니까?
- 기업의 이익과 고객의 이익에서 모순이 생긴다면 어떻게 하시겠습니까?
- 당신보다 나이 어린 사람이 선배 행세를 한다면 어떻게 하겠습니까?
- 당신이 일하는 목적은 무엇입니까?
- 동료나 상사가 커피 심부름을 시킨다면 어떻게 하겠습니까?
- 바람직한 직장인의 상을 말해보세요.
- 바삐 출근하다 운동화를 신고 있는 것을 발견했다면 어떻게 하겠습니까?
- 부서업무가 바빠서 휴가를 허락할 수 없다는 상사의 지시가 있다면 어떻게 하겠습니까?
- 사는 보람과 직업과의 관계를 이야기해보세요.
- 상사가 내일까지 하라고 시킨 일이 절대 내일까지 못 끝낼 일이라면 어떻게 하겠습니까?
- 상사가 부당한 일을 시킵니다. 어떻게 하시겠습니까?
- 상사와 의견이 다를 때 어떻게 하겠습니까?
- 선배가 규정에 어긋나는 부정한 일을 시킨다면 어떻게 하겠습니까?
- 선약이 되어 있는 주말에 회사에 일이 생겼습니다. 어떻게 하시겠습니까?
- 신입사원으로서 주의해야 할 것은 어떤 것이라고 생각합니까?
- 입문단계의 사원으로서 일은 매일 똑같습니다. 어떻게 생각합니까?

- 입사 후 다른 사람에게 절대로 뒤지지 않을 만한 것이 있습니까?
- 입사동기가 당신보다 먼저 승진했다면 어떻게 하시겠습니까?
- 퇴근시간이 훨씬 지났는데도 상사가 계속 일을 시킨다면 어떻게 하시겠습니까?
- 하기 싫은 일이 주어진다면 어떻게 하시겠습니까?
- 학생과 직장인의 마음가짐은 어떻게 다른지 설명해보세요.
- 협조를 하지 않고 자기 멋대로만 하는 동료가 있다면 어떻게 하시겠습니까?
- 회사업무와 개인업무 중 어느 것이 더 중요하다고 생각하십니까?
- 회사에서 만약 동료나 상사의 부정을 알게 된다면 어떻게 하시겠습니까?
- 회사원으로서 어떠한 마음가짐을 갖고 있습니까?
- 팀원들과 마음이 맞지 않는다면 어떻게 대처하시겠습니까?
- '팀워크'는 무엇이라고 생각하십니까?
- 기업조직의 일체감을 위해 가장 중요하다고 생각되는 것은 무엇입니까?
- 리더가 된다면 어떠한 리더가 되시겠습니까?
- 사람들과 협조하기 위해서는 무엇이 가장 중요할까요?
- 상사가 업무와 무관한 일을 시킨다면 어떻게 할 생각입니까?
- 승무원이 된다면 어떻게 승무원 간에 협조를 하시겠습니까?
- 어떠한 관리 스타일이 효과적이라고 생각하십니까?
- 어떤 문제에 당면했을 때, 혼자 해결하는 것과 여러 명이 함께 해결하는 것 중에 어떤 것이 더 낫습니까?
- 회사의 일원으로서 어떻게 하면 협동심이 원활해진다고 생각하십니까?
- 일할 때 동료와 갈등이 생기면 어떻게 해결하나요?
- 입사 후 직무 또는 회사가 본인과 안 맞는다고 느낀다면 어떻게 하실 건가요?

8 가치관, 사고력, 판단력에 관한 질문

- 인생에서 가장 중요한 것은 무엇일까요?
- 인생의 가치에 대해 말해보세요.
- 인생의 목표는 무엇입니까?
- 자신의 인생지표가 되는 사람이 있다면 누구입니까?
- 장기 기증에 대해 어떻게 생각하십니까?

- 행복이 무엇이라고 생각하십니까?
- 각자 멘토가 있다면 소개해주세요.
- 당신의 생활신조는 무엇입니까?
- 가장 바람직한 인간상에 대해 말씀해보세요.
- 가장 존경하는 인물이 있다면 누구이며, 그 이유는 무엇입니까?
- 길에서 1,000만 원을 주우신다면 어떻게 하시겠습니까?
- 당신이 생각하는 성공의 기준은 무엇입니까?
- 대인관계에서 중요한 것은 무엇이라고 생각하십니까?
- 돈, 명예, 일 중 어떤 것을 선택하시겠습니까?
- 리더십을 가지려면 어떤 것이 필요하다고 생각하십니까?
- 사회봉사활동 경험이 있으십니까? 있다면 무슨 활동을 하셨습니까?
- 운으로 되는 일이 많다고 생각하십니까? 실력으로 되는 일이 많다고 생각하십니까?

⑨ 위기대처능력을 알아보는 난처한 질문

- 자신도 잘 모르는 것을 손님이 물어보신다면 어떻게 하시겠습니까?
- 지금 당장 자신이 이 회사의 경영주가 된다면 어떤 일을 하시겠습니까?
- 지하철에서 낯선 남자가 차 한 잔을 마시러 가자고 한다면 어떻게 하시겠습니까?
- 학교에서 체벌이 필요할까요?
- 기내에서 외국인 승객이 데이트 신청을 한다면 어떻게 하시겠습니까?
- 내일 지구가 멸망한다면 오늘 무엇을 하시겠어요?
- 당신이 면접관이라면 어떤 질문을 하시겠습니까?
- 항공요금인상에 대해 승객들을 어떻게 설득시키시겠습니까?
- 비행기에 폭탄이 실린다면 어떻게 하시겠어요?
- 술을 잘 못하는데, 선배와의 모임에서 술을 강요당한다면 어떻게 하시겠습니까?
- 승무원·지상직 합격과 로또 당첨 중 하나를 선택하라면 무엇을 선택하시겠습니까?

- 승무원이 개인적인 사정으로 비행시간을 지키지 못했습니다. 처벌을 해야 한다면 어떠한 방법으로 해야 할까요?
- 업무미숙으로 선배들에게 혼났을 때 어떻게 하시겠습니까?
- 외국에서 지갑을 잃어버리면 어떻게 하시겠습니까?
- 인류 최후의 생존자 10명 중 7명을 고르라면 누굴 고르겠습니까?
- 울고 있는 아이를 웃게 할 수 있는 방법은 무엇입니까?

항공사 지상직 서비스인턴 기출문제

- 승무원으로 지원이 가능한테, 왜 서비 인턴으로 지원하셨나요?
- 지상근무와 스튜어디스의 차이점을 알고 있다면 이야기해보세요.
- 우리 회사 어플의 개선해야 할 점을 설명해보세요.
- 각자 멘토가 있다면 소개해주세요.
- ○○항공으로 입사를 하게 된다면, 어떠한 일을 하고 싶은가요?
- 실습이나 관련된 경험을 한 적이 있나요?
- 서비스가 무엇이라고 생각하는 건가요?
- 살면서 가장 힘들었을 때가 언제였나요?
- 항공사가 많은데 왜 대한항공으로 지원을 했나요?
- 우리 회사의 최근 기사를 본적이 있나요?
- 자신만이 가지고 있는 강점이 무엇인가요?
- 졸업한 후에 공백기 동안 무엇을 했나요?
- 서비스에서 가장 중요하다고 생각하는 것은 무엇인가요?
- 본인의 전공과 서비스인턴의 연관성은 무엇인가요?
- 취미가 있다면 무엇인가요?
- 지원한 동기에 대해서 얘기해주세요.
- 교내에서 활동한 동아리나 단체에서 기억나는 경험이 있나요?
- ○○항공이 당신을 뽑아야 하는 이유는 무엇인가요?
- 입사를 하기 위해서 노력한 점이 있다면 설명해주세요.
- 제2외국어는 어떠한 방식으로 공부했나요?
- 가장 최근에 들은 ○○항공 소식은 무엇인가요?
- 입사 후 직무 또는 회사가 본인과 안 맞는다고 느낀다면 어떻게 하실 건가요?
- 건강을 위해 꾸준히 하는 운동이 있나요?
- 휴일에는 주로 무엇을 하면서 보내시나요?
- 본인의 전공을 소개해주세요.
- 어학연수를 다녀왔는데, 그곳으로 간 이유는 무엇인가요?
- 아르바이트를 하셨는데, 가장 힘들었던 일이 있었나요?
- 면접장에 들어오기 전 본 우리 회사의 분위기나 느낌은 어떠했나요?
- 이번에 합격하지 못한다면 어떻게 하시겠습니까?
- 우리 회사에 제안할 만한 공항서비스가 있나요?
- 서비스 경험이 있나요?
- 서비스직에서 가장 필요한 자질은 무엇인가요?
- ○○항공 광고에 대한 본인만의 생각을 이야기해보세요.

4. 모의면접 실시 및 평가

수험번호 _____ 이름 _____ 전공 _____

평가 요소	평가 내용	S	A	B	C
이미지	자세가 바른가				
	용모가 단정한가				
	표정이 밝은가				
	복장이 깔끔한가				
스피치	정확한 발음				
	알맞은 목소리 톤				
	적당한 말의 속도				
	따뜻한 말씨				
	적절한 시선처리				
	경청 및 이해력				
	표현력				
성격	성실성				
	지구력				
	적극성				
	명랑성				
	침착성				
업무지식	자기표현력				
	정확성				
	사고력				
	창의력				
	위기대처능력				

평가 요소	평가 내용	S	A	B	C
포부	목표의식				
	직업의식				
	자기계발				
외국어능력	의사소통능력				
교양	상식/지식				
기타	특기				
총 평					

❀ 모의면접 1차 Comment

Good point	Bad point

❀ 모의면접 2차 Comment

Good point	Bad point

🦋 참고문헌

- 김찬문 외(2011), 알기 쉬운 인체이야기, 퍼시픽북스.
- 박선희(2007), 20세기 초 회화작품의 컬러이미지 분석에 따른 이미지메이킹에 관한 연구, 세종대 대학원 박사.
- 대한항공 Cabin Crew Image Making(2009), 대한항공객실승무본부.
- 대한항공 서비스교재(2010, 2013), 대한항공인력개발센터.
- 이경미(2020), 이문화의 이해와 글로벌에티켓.
- 이경미(2019), 항공객실업무개론, 진샘미디어.
- 퍼스널프로파일시스템(2002), 한국교육컨설팅연구소.
- 한국인을 위한 걷기 가이드라인(2020), 보건복지부.
- 한현미(2003), 민항공 객실승무원을 위한 요통예방 프로그램의 개발, 연세대학교 대학원박사.

- https://terms.naver.com/entry.nhn?docId=1922133&cid=41810&categoryId=41811
- https://terms.naver.com/entry.nhn?docId=4349261&cid=40942&categoryId=31531
- https://terms.naver.com/entry.nhn?docId=2797599&cid=55595&categoryId=55595
- https://terms.naver.com/entry.nhn?docId=1012727&cid=42817&categoryId=42817
- https://blog.naver.com/recharge12/221747720775
- https://terms.naver.com/entry.nhn?docId=5796312&cid=51399&categoryId=51399
- http://www.segye.com/newsView/20190305001506?OutUrl=naver
- http://www.asiae.co.kr/news/view.htm?idxno=2017080316072332183
- https://blog.naver.com/leeth7603/221385363554
- https://terms.naver.com/entry.naver?docId=3390500&cid=40942&category-Id=32161

🌹 사진출처

- https://www.sedaily.com/NewsView/1S258QE7PK
- http://news.kbs.co.kr/news/view.do?ncd=4148165&ref=A
- https://sports.chosun.com/news/ntype.htm?id=201312120100112170006753&ser-vicedate=20131212
- https://www.mk.co.kr/premium/life/view/2020/06/28443/
- https://www.qatarairways.com/ko-kr/homepage.html?cid=RDKR622800
- https://www.emirates.com/kr/korean/
- http://www.thedrive.co.kr/news/newsview.php?ncode=1065602306520826
- https://www.singaporeair.com/ko_KR/kr/home#/book/bookflight

- http://nownews.seoul.co.kr/news/newsView.php?id=20180330601005&wlog_tag3=naver
- http://www.thedrive.co.kr/news/newsview.php?ncode=1065602306520826
- https://wwws.airfrance.co.kr/
- https://www.chosun.com/site/data/html_dir/2017/07/14/2017071401082.html
- https://www.airchina.kr/KR/KO/Home
- https://www.lufthansa.com/kr/ko/homepage
- https://www.britishairways.com/travel/home/public/
- https://www.qantas.com/travel/airlines/home/kr/ko
- https://mediacentre.easyjet.com/
- https://blog.naver.com/charcoalchoco/222225382573
- https://twitter.com/aeroflot
- https://www.avianca.com/otr/en/
- https://www.etihad.com/ko-kr/

항공사 직원의
퍼스널 이미지 전략

저자소개

이경미

백석예술대학교 항공서비스학부 교수

항공사 직원의 퍼스널 이미지 전략

초판 1쇄 인쇄   2023년 1월 10일
초판 1쇄 발행   2023년 1월 15일

저 자   이경미
펴낸이   임순재
펴낸곳   (주)한올출판사
등 록   제11-403호
주 소   서울시 마포구 모래내로 83(성산동 한올빌딩 3층)
전 화   (02) 376-4298(대표)
팩 스   (02) 302-8073
홈페이지   www.hanol.co.kr
e-메일   hanol@hanol.co.kr
ISBN   979-11-6647-156-8

항공사 직원의
퍼스널 이미지 전략

항공사 직원의
퍼스널 이미지 전략

항공사 직원의
퍼스널 이미지 전략